中国社会科学院国情调研特大项目"精准扶贫精准脱贫百村调研"

精准扶贫精准脱贫百村调研丛书

CASE STUDIES OF TARGETED POVERTY REDUCTION AND
ALLEVIATION IN 100 VILLAGES

李培林／主编

精准扶贫精准脱贫
百村调研·何畈村卷

电子商务在乡村脱贫攻坚中的实践

叶秀敏　周　红／著

社会科学文献出版社
SOCIAL SCIENCES ACADEMIC PRESS (CHINA)

中国社会科学院国情调研特大项目
"精准扶贫精准脱贫百村调研"
项目协调办公室

主　任：王子豪

成　员：檀学文　刁鹏飞　闫　珺　田　甜　曲海燕

总　序

　　调查研究是党的优良传统和作风。在党中央领导下，中国社会科学院一贯秉持理论联系实际的学风，并具有开展国情调研的深厚传统。1988 年，中国社会科学院与全国社会科学界一起开展了百县市经济社会调查，并被列为"七五"和"八五"国家哲学社会科学重点课题，出版了《中国国情丛书——百县市经济社会调查》。1998 年，国情调研视野从中观走向微观，由国家社科基金批准百村经济社会调查"九五"重点项目，出版了《中国国情丛书——百村经济社会调查》。2006 年，中国社会科学院全面启动国情调研工作，先后组织实施了 1000 余项国情调研项目，与地方合作设立院级国情调研基地 12 个、所级国情调研基地 59 个。国情调研很好地践行了理论联系实际、实践是检验真理的唯一标准的马克思主义认识论和学风，为发挥中国社会科学院思想库和智囊团作用做出了重要贡献。

　　党的十八大以来，在全面建成小康社会目标指引下，中央提出了到 2020 年实现我国现行标准下农村贫困人口脱贫、贫困县全部"摘帽"、解决区域性整体贫困的脱贫攻坚目标。中国的减贫成就举世瞩目，如此宏大的脱贫目标世所罕见。到2020年实现全面精准脱贫是党的十九大提出的三大攻坚战之一，是重大的社会目标和政治任务，中国的贫困地区在此期间也将发生翻天覆地的变化，而变化的过程注定不会一帆风顺或云淡风轻。记录这个伟大的过程，总结解决这个世界性难题的经验，为完成这个攻坚战献计献策，是社会科学工作者应有的责任担当。

2016年，中国社会科学院根据中央做出的"打赢脱贫攻坚战"战略部署，决定设立"精准扶贫精准脱贫百村调研"国情调研特大项目，集中优势人力、物力，以精准扶贫为主题，集中两年时间，开展贫困村百村调研。"精准扶贫精准脱贫百村调研"是中国社会科学院国情调研重大工程，有统一的样本村选择标准和广泛的地域分布，有明确的调研目标和统一的调研进度安排。调研的104个样本村，西部、中部和东部地区的比例分别为57%、27%和16%，对民族地区、边境地区、片区、深度贫困地区都有专门的考虑，有望对全国贫困村有基本的代表性，对当前中国农村贫困状况和减贫、发展状况有一个横断面式的全景展示。

在以习近平同志为核心的党中央坚强领导下，党的十八大以来的中国特色社会主义实践引导中国进入中国特色社会主义新时代，我国经济社会格局正在发生深刻变化，脱贫攻坚行动顺利推进，每年实现贫困人口脱贫1000多万人，贫困人口从2012年的9899万人减少到2017年的3046万人，在较短时间内实现了贫困村面貌的巨大改观。中国社会科学院组建了一百支调研团队，动员了不少于500名科研人员的调研队伍，付出了不少于3000个工作日，用脚步、笔尖和镜头记录了百余个贫困村在近年来发生的巨大变化。

根据规划，每个贫困村子课题组不仅要为总课题组提供数据，还要撰写和出版村庄调研报告，这就是呈现在读者面前的"精准扶贫精准脱贫百村调研丛书"。为了达到了解国情的基本目的，总课题组拟定了调研提纲和问卷，要求各村调研都要执行基本的"规定动作"和因村而异的"自选动作"，了解和写出每个村的特色，写出脱贫路上的风采以及荆棘！对每部报告我们都组织了专家评审，由作者根据修改意见进行修改，直到达到出版要求。我们希望，这套丛书的出版能为脱贫攻坚大业写下浓重的一笔。

中共十九大的胜利召开，确立习近平新时代中国特色社会主义思想作为各项工作的指导思想，宣告中国特色社会主义进入新时代，中央做出了社会主要矛盾转化的重大判断。从现在起到2020年，既是全面建成小康社会的决胜期，也是迈向第二个百年奋斗目标的历史交会期。在此期间，国家强调坚决打好防范化解重大风险、精准脱贫、污染防治三大攻坚战。2018年春节前夕，习近平总书记到深度贫困的四川凉山地区考察，就打好精准脱贫攻坚战提出八条要求，并通过脱贫攻坚三年行动计划加以推进。与此同时，为应对我国乡村发展不平衡不充分尤其突出的问题，国家适时启动了乡村振兴战略，要求到2020年乡村振兴取得重要进展，做好实施乡村振兴战略与打好精准脱贫攻坚战的有机衔接。通过调研，我们也发现，很多地方已经在实际工作中将脱贫攻坚与美丽乡村建设、城乡发展一体化结合在一起开展。可以预见，贫困地区的脱贫攻坚将不再只局限于贫困户脱贫，我们有充分的信心从贫困村发展看到乡村振兴的曙光和未来。

是为序！

全国人民代表大会社会建设委员会副主任委员

中国社会科学院副院长、学部委员

2018 年 10 月

前　言

为贯彻落实党中央全面建成小康社会以及"精准脱贫"的重大决策，2016年中国社会科学院国情调研特大项目"精准扶贫精准脱贫百村调研"正式启动。项目旨在发挥中国社会科学院思想库、智囊团重要作用，为精准脱贫目标的实现提供决策支撑。项目选取全国范围内最具代表性的100个贫困村作为调研对象，借此了解贫困村庄的贫困状况、贫困成因、减贫历程和成效，并提出对策和建议。本项目组负责的贫困村是河南省光山县南向店乡何畈村。项目组选择何畈村有两方面的考虑，一方面该村处于大别山，是红色革命老区，具有鲜明的历史时代背景和地方特色。二是光山县近年电子商务扶贫工作有声有色，取得了很多成绩和经验，是在"互联网＋"时代背景下的贫困山区在扶贫工作方面的创新突破，值得进行深入调研和总结。

课题组经过一年的实地调查和研究，通过问卷调查、深度访谈、案例研究、查阅资料等方法，获得了大量一手资料和数据。本书详细介绍了何畈村的贫困状况、贫困成因及减贫脱贫历程，报告还分析了何畈村近几年的扶贫经验，尤其是光山县电子商务扶贫经验值得广泛借鉴和学习。在电子商务精准扶贫过程中，光山县有很多值得学习的亮点，如基于当地土特产进行全民投票，选出"光山十宝"产品，用于网络销售和推广。经过精心策划和包装的"光山十宝"不仅推动了十项产品的产业链发展，提升了地方经济，还促进了就业，提高了贫困户的收入。再如，光山县向贫困户农民提供免费的网络开店培训，不仅有老师手把手地传授经验，还免费提供午餐。农民通过电子商务脱贫致富，一批外出打工者和大学生陆续返乡创业和就业。在光山县、在何畈村，我们看到了越来越多的希望。这些希望点燃了农村电子商务助力精准脱贫的热情，青壮年的返乡还让乡村活跃起来，空气中增添了很多的欢乐和幸福。

另外，课题组通过横向对比发现，光山县和何畈村的电子商务精准扶贫还处在起步阶段，与农村电子商务走在前列的"沙集模式"、"遂昌模式"等相比，还有较大的追赶空间。本书在梳理光山县和何畈村在扶贫工作中存在的不足的基础上，有针对性地提出了改进建议。

项目在调查研究中也遇到一些困难，如调研村交通不便、因语言不通而与村民沟通不畅等问题。调研过程中受到了地方政府和工作人员的大力支持，尤其是何畈村的扶贫第一书记叶红梅同志全程陪同、介绍情况，不仅担任向导，还全程承担语言翻译工作。在调研过程中，我们也切身感受到农村基层干部的辛苦和压力，也常常为他们的敬业精神所感动。

在社会力量的共同帮助下，何畈村正在从一个贫困山村走上脱贫致富之路。这中间，电子商务赋能弱势群体，推动青壮年返乡创业和就业，促进乡村包容性发展。何畈村只是我国广大贫困地区通过努力改变贫困现状的一个缩影，各地依托党的扶贫政策，会涌现出越来越多的先进经验和典型案例。非常期待贫困地区全部实现脱贫摘帽的那一天早日到来！

目　录

第一章

何畈村的基本情况

第一节　村庄概况

一　位置

　　何畈村村域面积 3.6 平方公里，隶属于河南省光山县南向店乡，是南向店乡 19 个自然村之一。从全乡地理位置来看，何畈村位于南向店乡的北部，距离南向店乡政府 5.5 公里。从全县地理位置来看，何畈村位于光山县的西南部，距离县城 35 公里。光山县则位于河南省的东南部，南部紧邻太行山区，地处河南、湖北、安徽三省交界处。

何畈村地处亚热带向暖温带过渡地区，属亚热带季风型湿润、半湿润气候，全年四季分明，气候温和，雨量充沛。2016年平均降水量为360毫米，全村水渠长度2000米。何畈村紧邻青龙河的西岸，属于平原地区。

二 经济发展情况

何畈村经济相对落后，是南向店乡的7个贫困村之一。何畈村有耕地面积1312亩，全部是有效灌溉耕地。其中包括林地面积500亩，园地面积300亩，养殖面积200亩，农用地中属于农户自留地面积112亩。

农业生产以种植杂交水稻为主，种植面积为1312亩，单位亩产平均550公斤，按照市场价每公斤0.6元计算，全村水稻年产值约40万元。

何畈村主要养殖畜禽为生猪，每年出栏量1000头左右，平均毛重100公斤，按市场价每公斤5元计算，全村养猪年产值50万元。

随着国家发展农村经济和对农村的政策倾斜，陆续有外出打工者回乡创业，何畈村经济逐步活跃。目前已经成立了六个农民合作社，规模较大的有鑫磊合作社、殿珠农牧合作社、财源合作社。六家合作社基本处于发展周期中的起步阶段。

村里定期有集市，还建有几家小微商业设施，基本可以满足村民的日常生活需求。目前，村里有超市及小卖店6家，餐饮店1家。

三　人口

何畈村总户数为 435 户，有 16 个村民组，人口总数为 2086 人，常住人口数有 986 人，常住人口占比只有 47.3%。有 211 户常年外出打工，在外省打工人数为 733 人，打工地点比较集中的是深圳、北京和广州等地。何畈村在外从事早餐行业的占比较大。村长余庆富称在天安门广场周边只有两个早点摊，都是何畈村人经营的。

现任村长余庆富，村主任何守军。

四　基础设施

近年，在国家的大力投入下，何畈村的基础设施建设取得了显著的改善。

（一）生活基础设施

水电基础设施方面，何畈村户户通自来水、通民用电，并且能够保质保量地供应给村民。何畈村建设有 2 处小型水利基础设施，全村 80% 的井水和泉水受到保护。村内建设垃圾池 20 个，80% 的垃圾能够集中处理。

（二）交通基础设施

交通出行比较便利，实现了村村通路，与周边村镇的连接可谓四通八达。近年，南向店乡新修水泥或柏油路 6 条，柏油路或水泥路里程达 28 公里，境外连通公路 4 条，实现了两横四纵的交通网络。何畈村距县城28公里，半个小时的车程即可到达。2004年，南向店乡与县城的连接马路进行了重新修缮，不仅铺了沥青，还在马路两侧种植了各种花草和树木，春夏秋三季都有鲜花盛开，这条马路一度被评为"光山最美公路"。

光山县的交通也四通八达，京九铁路途经光山，目前光山高铁站正在建设，即将开通。光山境内还有106、312两条国道和三条省道。

（三）信息基础设施

通信基础设施相对比较发达，村里已经通电话、通电视、通网络，村内有一套有线广播，村委会已经拥有能上网的电脑。全村有360户家庭开通了卫星电视，有100户家庭拥有电脑，联网电脑户数为70户，在全村总户数中占比16.09%。全村卫星电视普及率较高，使用户数有360户，普及率达82.76%。100户家庭有电脑，在全村中占比22.99%，其中上网电脑70台，在全村中占比为16.09%。

五 社会保障情况

何畈村全部人口参加新型合作医疗人数为1970人，占比94.44%，基本覆盖全村人口，在保障村民获得基本卫生服务、缓解因病致贫和因病返贫方面发挥了作用。参加社会养老保险户数为420户，人数为980人。

（一）教育情况

何畈村受全县智慧之乡建设的影响，非常注重教育，教育事业发展情况良好。何畈村有公立幼儿园 1 个，3~5 岁儿童数为 71 人，入托人数为 51 人。学前班有 30 名儿童。

何畈村还有一所小学，于 1990 年建设，建筑面积 6600 平方米。何畈村小学公办教师人数为 12 人，其中 8 人有本科学历。何畈村小学为每名学生提供一顿免费午餐。何畈村有小学阶段适龄儿童 242 人，在本村上小学人数达 181 人，占适龄儿童的 74.79%。在镇小学上学人数为 30 人，在县城小学上学的人为 26 人，在外地小学读书的人为 10 人。

南向店乡设有中学。何畈村在乡中学读书的学生有 50 名，此外还有 10 名学生在县中学读书，3 名学生在外地中学读书。

（二）科技与文化情况

何畈村拥有一所农民文化技术学校，村内举办过农业技术讲座 2 次，村内有县级以上证书的农业技术人员 3 人。何畈村还有建筑面积 80 平方米的图书活动站 1 间，藏书达到 5000 册，平均每月有 20 个村民光顾。此外，村里还有棋牌活动室 1 间，老年活动社团 1 个。

第二节　何畈村的特色

一　山地之乡

何畈村所属的南向店乡总面积98平方公里，可耕地面积1638公顷，山林面积5257公顷，水域面积只有267公顷。南向店乡可谓"八山半水一分田，半分道路和庄园"的山区乡。

山地虽然不能种植粮食，但是富含矿产资源，已初步探明有开采价值的矿产有黄金、白银、硅石、铁矿等20余种。其中，硅石分布在王母观山群，矿石经化学分析二氧化硅含量达99%，储量1400万吨，为优质玻璃原料，并可作熔剂、石英砂。矿泉水分布在王母观北侧，长年不断，顺沟而下，落差200余米，有两个泉眼。矿泉水具有三个优势，一是长年不断；二是落差较大，流量丰富，落差达到200余米，日流量在100~120吨间；三是泉水中矿物质含量丰富。权威部门检测后认为，该泉水是罕见的超低钠、低矿化度、偏硅亚酸优质饮用天然矿泉水。

由于气候条件优越，南向店山区盛产茶叶，是信阳毛尖茶叶的主产区。林业资源也非常丰富，盛产板栗。此外，山区盛产品种丰富的中草药，有桔根、银杏、杜仲、油茶、猫爪草等名贵中药材。

二 红色之乡

光山县还是知名的红色之乡,留有刘伯承、邓小平、李先念等老一辈革命家在此战斗的足迹。在南向店乡境内,有十几处革命先烈战斗过的旧址,还有一些革命家在此生活过的旧址,有刘邓首长旧居、李先念旧居、简榜会议、中原局旧址、鹭鸶湾战斗纪念地。何畈村也是有名的红色村庄,在 1947 年 11 月 30 日,刘伯承、邓小平、李先念和总部领导人在何畈村同从豫北安阳挥师南下到达光山的刘邓大军后续部队十纵指战员会面,何畈村至今仍然保存着旧址供游客参观。2016 年,何畈村被列入国家旅游扶贫重点村。

三 旅游之乡

何畈村所在的南向店乡拥有良好的原始生态环境,有优美的自然景观和丰富的旅游资源:王母观风景区是风景优美的自然景区,素有天然氧吧之称,后修建有两处旅游山庄,可供游人休息和食宿。五岳湖风景区是避暑、休闲观光和垂钓的最佳场所。此外,南向店乡也有河南省最大的原始枫香林、大山寨千年银杏树、天然石洞、野生天然核桃林、龙潭寺、罗沟湖等五十余处旅游景点。夏日周末,城里的居民纷纷来到五岳湖赏景、垂钓、吃鱼。秋季,游客们踏进向楼古村落,欣赏色彩斑斓的大自然美景,呼吸新鲜的空气。

四　文化之乡

光山县人杰地灵，文化名人辈出，不仅是北宋政治家、文学家、史学家司马光的出生地，也是全国政协原主席邓颖超的故乡。司马光故居就位于光山县，"司马光砸缸"的典故就发生在此地。目前，司马光文化成为光山县文化的重要组成部分，司马光之碑、司马光广场、司马光中学都是一道道亮丽的风景线，启迪后人学习司马光严谨的治学态度。邓颖超故居纪念馆也位于光山县，故居内珍藏大量邓家文物和革命文物，全面介绍了邓颖超光辉战斗的革命生涯。邓颖超故居也成为重要的青少年教育基地、党员廉政文化教育的基地。

何畈村仰韶文化遗址也远近闻名。遗址位于一处河曲环绕的高台地，东西宽约 500 米，南北长约 600 米，上面被平整为稻田和坟地。断层中挖掘了大量石器、陶片、鼎腿等器物，以砂质灰陶和泥质红陶为主，某些器物还有篮纹、绳纹、方格纹等饰纹。遗址中还发现石斧、石奔、石镰等工具。遗址在某些方面具有仰韶文化的特征，有非常重要的原始文化研究价值，现为省级文物保护单位，对研究历史和文化具有重大的意义。

南向店乡则是一个具有悠久历史的生态文化古镇，春秋战国时期为曾国经济、政治、文化中心。南向店乡古时又名浪洲。唐朝时就有军队驻扎在此修筑城池，元明时期一度成为县衙所在地。境内有王母观风景区、元宋时期的古瓷窑、金南湾古村落等文化古迹。

图 1-1　何畈村村口

（叶秀敏拍摄，2017 年 3 月）

说明：本书下文图片若无特别注明，均由叶秀敏在调研期间拍摄。

　　南向店乡还有一处人文景观——胡煦故里。胡煦故里是清朝三代老臣胡煦的住宅，有三百多年的历史，有御赐的石碑、门匾等物。胡煦又名胡沧晓，出生于何畈村，自幼勤奋好学、博学多才，屡次被皇上召见，被清朝皇帝称赞为"真苦心读书人也"。胡煦官至礼部侍郎，77 岁时辞官回乡，82 岁再次入京赴任，成为一个催人奋进的励志典范。

　　光山县还有丰富的民俗文化。光山花鼓戏也是具有特色的民间艺术，是当地流行的地方戏种。光山皮影戏具有浓郁的本地特色，别具一格，被称为西路皮影。

五　商业资源

　　何畈村具有悠久的历史，建村历史超过百年。悠长的历史也促成了较浓厚的商业氛围，20世纪六七十年代开始就建设了集市，是周围村民交易的重要场所。改革开放之后，何畈村的商业活动进一步活跃，除了定期举办集市外，还在每年的"三月三"举办大型交易会，吸引周围村镇，甚至是周边大城市的商户来参加交易。

南向店乡经济发展较快，乡政府围绕"建一处市场，兴一项产业，活一方经济"的指导思想，还建成了浪洲商贸城、头发行、针织鞋帽、茶叶、板栗、林果、建材等专业市场，年交易额上亿元，成为光山县西南最大的集镇和商贸聚散中心。

第二章

何畈村贫困状况及减贫历程

第一节　何畈村贫困概述

一　贫困状况

　　贫困人口占比较大。2014 年，何畈村有建档立卡贫困户 190 户，占比达到 44%，意味着全村接近半数的家庭处在贫困境地，贫困情况非常不容乐观，如图 2-1 所示。贫困人口数量达到 711 人，占比 34.08%。此外还有低保户 56 户，五保户 36 户，残疾人口 20 人。

　　2016 年，贫困状况有显著改善，贫困户减少到 91 户，贫困人口降为 345 人，如表 2-1 所示。

表 2-1　2014~2016 年何畈村贫困状况

年份	2014	2015	2016
贫困户数（户）	190	143	91
贫困人口数（人）	711	576	345

资料来源：精准扶贫精准脱贫百村调研－何畈村调研。

说明：本书统计图表，除特殊标注外，均来自何畈村调研。

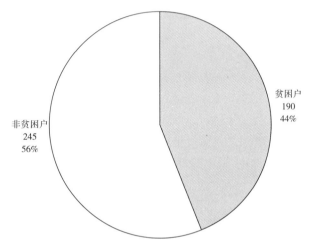

图 2-1　2014 年何畈村贫困户数量及占比

二　贫困的特点

贫困人口逐年减少。从何畈村近三年贫困人口数量的变化情况看，贫困人口数量呈现逐年持续降低趋势。2016 年贫困人口总数为 345 人，是 2014 年的 48.52%，超过一半的贫困人口实现脱贫。在三项致贫原因中，因缺劳动力致贫脱贫效果最佳，2016 年因缺劳动力致贫人口数为 191 人，相比 2014 年，降幅达到 55.16%。

2016 年的贫困人口数量总体降幅和各种原因致贫的人口数量的降幅都远高于 2015 年，可见 2016 年各种扶贫措施取得了显著成效。2016 年，贫困人口总数降幅达

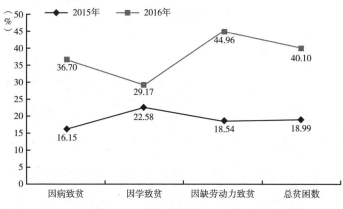

图 2-2　2015~2016 年何畈村贫困人口占比的变化幅度

到 40.10%，其中因缺劳动力致贫的人口数降幅最大，达到 44.96%。2015 年，贫困人口总数降幅达到 18.99%，其中因学致贫的人口数降幅最大，达到 22.58%，如图 2-2 所示。

三　贫困的成因

何畈村的调查数据显示，疾病、缺少劳动力、生病是导致贫困的三大主因。2016 年，何畈村因病致贫的人数有 69 人，因学致贫的人口数为 85 人，因缺劳动力致贫的人口数为 191 人，如表 2-2 所示。

表 2-2　2014~2016 年何畈村各类贫困人口数

单位：人

年份	2014	2015	2016
因病致贫人口数	130	109	69
因学致贫人口数	155	120	85
因缺劳动力致贫人口数	426	347	191
合计	711	576	345

（一）因病致贫

2016 年，何畈村因病致贫的人数有 69 人。前些年，农村的医疗保障机制还不够健全，缺少医疗条件和医疗保险体系，农民治病的费用通常由个人承担。在高昂的医疗费用面前，就医对于农民来讲是一个沉重的负担。慢性病患者需要定期医治并且长期不间断吃药；突发重大疾病的诊治费、外出就医住宿和交通费都是很大的花销，并且就医者和陪护者无法参加劳动而获得收入。一旦家庭成员中有得慢性病或者重大疾病者，家庭就会因医疗费用高居不下而导致贫困。一般农民的家庭都难以承受大病支出，贫困家庭更是承受不起。大病导致家庭成员生活质量降低，直至债台高筑成为贫困户。

（二）因学致贫

2016 年，何畈村因学致贫的人口数为 85 人。对于贫困地区的农村家庭来说，学费开支也是一笔非常大的费用，也会导致家庭贫困。虽然我国采取九年义务教育制，但是一些贫困地区财政收入少，因此教育经费不足，一些学校为了维持学校正常运转，不得不设置一些收费项目，导致学生的成本增加。大学生的学费更是逐年提高，麦可思研究院的调查数据显示，2016 年中国大学在校生月均消费 1212 元，每年花费上万元。如果贫困地区一个家庭中几个孩子都上学，就会导致家庭的贫困。

（三）因缺劳动力致贫

2016 年，何畈村因缺劳动力致贫的人口数为 191 人。在三种致贫的主因中，因缺少劳动力致贫占比最高，其次是因上学致贫和因病致贫。从 2014 年建卡的统计情况来看，因缺少劳动力致贫占到总数的六成。此外，因学、因病致贫的比例也比较高，分别达到 22% 和 18%，如表 2-3 所示。

表2-3　2014~2016 年何畈村各类贫困人口占比

单位：%

年份	2014	2015	2016
因病致贫	18.28	18.92	20.00
因学致贫	21.80	20.83	24.64
因缺劳动力致贫	59.92	60.24	55.36
合计	100.00	100.00	100.00

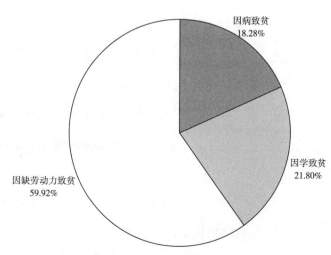

图 2-3　2014 年何畈村致贫原因占比情况

在一些贫困家庭中，除了一部分因病丧失劳动能力的人口外，还有一部分是寡居、独居、身体虚弱的老龄人口，他们也无法完成日常的劳动任务，因此无法得到劳动收益，没有收入来源，以致陷入贫困。有些老人和子女分家，子女在外打工，子女多年才回家探望一次，留守老人因缺少劳动能力也成为贫困人口。

（四）土地少，缺少致富途径

何畈村地处太行山区，土地资源贫瘠，人多地少，即使算上林地和养殖用地，人均土地才 0.63 亩。土地较少，生产资料匮乏，农产品销售价格低，导致农业生产收入较低。农民家庭经济来源单一，经济基础极其脆弱，一旦有自然灾害或者大病，农户只能依赖有限的存款，甚至借钱，以致出现较大规模贫困状况。

（五）信息闭塞

何畈村地处相对偏远的太行山区，交通基础设施落后，信息极为闭塞，村民眼界不够开阔，市场经济不够活跃，资源相对匮乏，导致致富途径缺失、致富无门。几年前，除了外出打工外，留守的村民只能种地、养猪，收入仅仅够维持生存。信息的缺失和滞后进一步加深了贫困状况。

近三年，我国政府各部门出台了一系列推进"互联网+"农村的扶持政策，如《关于加快推进"互联网+农业政务服务"工作方案》、《推进农业电子商务发展行动计划》、《关于加快发展农村电子商务的意见》等等。在政策的推动下，我国农村互联网基础设施得到了较大改善。然而，相对于城市地区，农村基础设施建设仍然处在非常落后的水平。以何畈村为例，该村只有 1/4 的家庭有电脑，1/6 的家庭电脑能上网，农村地区和城市之间还存在较大的数字鸿沟。

地方扶贫难度大，重要原因之一是"卖"难。何畈村地处偏远山区，天然资源有限，区域经济结构单一，但片区内生态环境优良，农特产品品质优良、无污染。长期以来，农产品信息不畅、销售渠道单一，本地市场狭小、需求不大，加上地方的资源有限和产业结构趋同，导致大量农产品滞销，贫困地区种类丰富的农产品大多藏在"深闺"无人知晓，严重制约着贫困户脱贫致富。

第二节　何畈村减贫历程和效果

一　减贫历程

作为中国中部贫困地区的一个普通山村，何畈村的减贫脱贫历程与时代背景和整个国家的经济发展息息相关，与全国的减贫历程一脉相承。作为发展中国家，我国工业基础薄弱，人口众多，各地经济发展状况不均衡，贫困情况相对严峻，我国的减贫情况非常复杂，任务更重。回顾我国减贫脱贫的历程也是一个不断探索、不断创新的过程。

从改革开放开始，我国就启动了大规模的、持续的专项扶贫开发计划，大致经历了四个阶段。

第一阶段（1978~1985年），我国首先采取家庭联产承包责任制取代人民公社式的集体耕作制度，激发了农民的劳动积极性，提高了农业生产效率；此外，集体经济和商业经济快速发展，解决了一部分农民工就业问题，提高了农民收入，大面积解决了将近2亿贫困人口的温饱问题。

第二阶段（1986~2000年）：有针对性的开发式扶贫阶段。市场经济崛起后，我国有一部分地区由于缺乏资源、意识落后仍处在贫困线以下。对此，我国政府启动一轮有针对性的扶贫计划，首先是专门出台了解决贫困问题的政策《关于尽快改变贫困地区面貌的通知》，其次，成立了专门的扶贫机构，制定了贫困标准并核定了贫困县进行重点扶持，有针对性地对十几个贫困地区进行连片开发。

第三阶段（2001~2014年）扶贫攻坚阶段。2001年，我国政府制定了《中国农村扶贫开发纲要（2001~2010年）》，将14个集中连片特殊困难地区作为新十年扶贫开发工作的主战场，目标从解决贫困人口的温饱，上升到脱贫致富。除了要解决经济贫困外，还要致力于解决教育、医疗等多维资源不均衡问题；并出台财税支持、投资倾斜、金融服务、人才保障等系列专项扶持政策，加大对中西部地区的支持力度。

全面脱贫决胜阶段。党的十八届五中全会从实现全面建成小康社会奋斗目标出发，明确要求到 2020 年我国实现现行标准下农村贫困人口全部脱贫、贫困县全部摘帽，解决区域性整体贫困。《"十三五"脱贫攻坚规划》（以下简称"规划"）细化了打赢脱贫攻坚战的时间表和路线图。2016 年"两会"期间，习近平总书记再次强调要"齐心协力打赢脱贫攻坚战，确保到 2020 年现行标准下农村牧区贫困人口全部脱贫"。在扶贫的最后冲刺阶段，光山县政府给自己确定的小目标是 2017 年实现全县脱贫。

二 减贫效果

近年，何畈村的农村扶贫脱贫工作不断取得可喜成绩，积累了大量的实践经验。全村贫困人口进一步减少，生活环

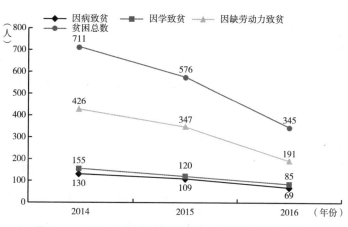

图 2-4　2014~2016 年何畈村贫困人口近三年变化趋势

建设村民活动室以丰富村民的业余生活。南向店乡建设了农民工文化艺术馆，展示本地企业家转移就业扶贫成果，村风民风更加健康向上，村民的集体荣誉感和"主人翁"意识逐渐加强，村民的幸福感显著提升。

（五）电商扶贫成绩突出，喜获大奖

光山县利用电子商务和"互联网+"机遇，将具有传统优势的羽绒服产业和特色农产品资源与信息技术有机结合，探索电子商务扶贫模式，引导贫困户和返乡农民利用电子商务创业就业致富。目前，光山县359个村，已建立农村淘宝点238个，覆盖全县106个贫困村。2015年网销收入超过20亿元，仅"双十一"期间就有销售收入9880万元。全县共有各类网店5000余家，电商带动7300余名贫困人口就业，年人均增收5000多元。在第四届中国民生发展论坛上，光山县电商扶贫进农村项目由于其创新性和民生性突出，喜获"全国2016民生示范工程"。

（六）贫困户住上环境优美的新房

2011年3月，中央财政向中西部下发农村危房改造试点补助资金100亿元，鼓励贫困地区开展易地安置扶贫。2016年，河南省政府出台《河南省易地搬迁脱贫实施方案》，对易地搬迁扶贫提出了具体规划和详细要求。

南向店乡的贫困户易地扶贫集中安置点统一选址在环山村。安置点位置优越，依山傍水，环境优美。该扶贫集中安置点占地43亩，总投资359.6万元，总建筑面积

1400 平方米，每户土地使用面积 133 平方米，人均住房面积 25 平方米。整个规划涉及 40 户，村民将分年度、有计划地搬入新居。

贫困户也有机会入住青山绿水环绕的砖瓦房，按照有关规定，何畈村有 7 户贫困户满足条件，将搬入集中安置点。目前，全乡已经集中搬迁 16 户 56 人，同步搬迁 25 户 109 人。南向店乡的易地搬迁点与美丽乡村建设同步规划，综合考虑山、水、林、田、路、房等因素，建筑风格优美，被打造处处成景、步步入画的"水美小村"。对搬迁点小区道路还进行了沥青、青砖铺设。为了丰富贫困户的业余生活，在安置点还新建了 1500 平方米的文化广场，放置了健身器材，种植了花草树木。小卖店等配套商业网点也将陆续投入使用。

图 2-5　南向店乡即将入住的贫困户安置房

与曾经的土坯房和危房相比，安置房显得更加宽敞舒适。安置点不仅景色宜人，而且基础设施配套全面，全部绿化面积达到 3500 平方米，主干道硬化 1800 平方米。何畈村的村民晏立祥一家已经入住，成为最早一批享受新房的受益者。

第三章

扶贫思路

自我国政府有组织、有计划地开展扶贫工作以来，何畈村在县乡政府的领导下，经过多年的实践探索，逐步取得了一些成绩，贫困现象得到很大缓解。村镇各级政府认真贯彻国家扶贫战略和各项推进计划，深刻落实科学发展观，积极调研，制定和实施各种扶贫具体措施，引导各方力量积极参与扶贫大业。除了产业扶贫、劳务输出扶贫、一对一帮扶等方式外，还创新了电子商务扶贫方式，取得了令人振奋的成绩。扶贫工作的有效推进，促进了村镇的经济和社会包容性发展，提高了村民的幸福感。

第一节　思想扶贫

一　高度重视扶贫工作

（一）思想重视

光山县县委、县政府把脱贫攻坚工作当作"十三五"期间头等大事、重要性排在第一位的政治任务和民生工程。全县干部经过多次会议学习，思想认识达到高度统一，一致认为打好脱贫攻坚战是全面建成小康社会的关键，是落实习近平总书记系列讲话精神和中央扶贫工作的重要举措。各部门主要领导高度重视，亲自部署，带头做计划、督促抓落实。全县还把脱贫攻坚作为各级各部门、全社会共同的事，不等不靠，调动社会方方面面的积极性，组织一切力量参与脱贫攻坚。在光山县，形成举全县之力，共同打赢脱贫攻坚的积极氛围。

为了打赢扶贫攻坚战、坚定必胜信心、指导扶贫工作，光山县先后发布《光山县脱贫攻坚指挥部一号战令》、《县脱贫攻坚指挥部二号令》、《县脱贫攻坚指挥部三号令》。通过一系列文件的传达和学习，号召全县人民统一思想，上下齐心，一鼓作气，坚决打赢脱贫攻坚战。为此，全县还连续几年举办"争先进、比贡献"竞赛活动，鼓干劲，比先进，推动全县人民齐心协力打好扶贫攻坚战。

光山县的扶贫工作还受到中央领导的重视。中央办公厅与光山县结成重点帮扶对子。2016年2月，中央政治局委员、中央书记处书记、中央办公厅主任栗战书还到光山县考察指导扶贫工作。不仅深入企业、农村、贫困户实地调研访问，还召开座谈会，与基层干部群众共商脱贫路子。

　　（二）落实每一件实事

　　南向店乡政府把贫苦户的脱贫和民生工作列入重要议事日程，认真落实每一件任务，对于有利于贫困户和村民的政策，都是第一时间学习、传达、落实，做细做实。南向店乡专门成立了扶贫办公室，由一群年富力强的年轻人组成，具体负责落实和组织扶贫攻坚工作。为了把每件事做得精益求精，南向店乡扶贫办的工作人员常常加班加点，废寝忘食，常常到了深夜，还在讨论工作难题，如图3-1、图3-2所示。

图3-1　南向店乡扶贫办工作人员深夜还在讨论解决方案
（从慧楠拍摄，2017年5月）

图 3-2　南向店乡扶贫办

（从慧楠拍摄，2017 年 5 月）

　　例如，为了做好 2017 年度新型农村合作医疗参合工作，让村民享受惠民政策，南向店乡政府工作人员做了大量细致的工作。首先是强化领导和责任，研究具体方案，将方案落实到每个工作人员。工作人员宣传政策，直至家喻户晓。各级干部还挨家挨户进门收缴参合费用，想方设法提高农民参合率。对于"五保户、低保户、残疾人、优抚对象"等特殊人群，工作人员进行逐户摸底、核实，不漏报一个人。对于外出务工农户，逐一给农民发信息、打电话，动员参保。在乡村干部的一致努力下，南向店乡新农合参合率达到 98% 以上。

　　每项工作落实到具体人头。南向店乡要求扶贫干部立下军令状，实施定期考核制度，由帮扶责任人定期汇报帮扶情况、下一阶段帮扶计划及工作开展情况、遇到的困难及需要的支持。乡政府还规定每月 28 日为全乡干部走访帮扶日，任何人无正当理由不能请假。

　　为了将扶贫工作落到实处，早日实现 2017 年全县脱贫计划，县委县政府还强化监督和指导工作。县政府制定了《光山县脱贫攻坚量化考核方案》，定期对相关部门进行检查、考核。针对帮扶人，乡政府也定期考核评比，对优秀帮扶人给予奖励，对工作不到位的干部给予批评和处分。

（三）调研和慰问

光山扶贫的第一件工作就是调研。光山县县长王建平亲自带动全县各级干部到贫困户家中调研，解决实际问题。他抽空就会出现在乡村贫困户的家中或者村委会，详细询问村庄贫困人口情况、扶贫工作思路和脱贫措施。在查看建档立卡贫困户档案资料时，对照贫困户的档案资料，王建平会拿出手机直接拨通帮扶人的电话，询问贫困户家有几口人、现有状况、致贫原因等，每次帮扶人的回答基本都与档案一致，做到了一口清。遇到贫苦户或者合作社出现困难，王建平县长就会组织干部现场办公，调研情况，出谋划策，解决实际问题。

乡、村级干部为了真正解决贫苦户的贫困问题和生活困难，也经常深入村镇一线，逐户摸底调查。南向店乡要求各级班子成员带头，驻村第一书记、站所负责人、帮扶责任人深入自己所帮扶的贫困户家中，嘘寒问暖，详细询问家庭收入状况、生活情况及当前需求，宣传当前的金融扶贫贷款、易地搬迁、雨露计划等各项扶贫政策。逢年过节，还分头拜访贫困户，送上慰问品、慰问金及节日问候。

在政府的带动下，乡镇企业及种植大户，也纷纷行动起来，到贫困户家探望，送去温暖。2016年春节，全乡党员干部共走访慰问贫困户339户，发放价值18.4万元的慰问品及慰问金。外地未返乡的13名成功人士主动捐助慰问金13万元至乡民政部门，用以购置慰问品及发放慰问金。振华茶叶合作社在王店村为37户贫困户及残障人士送去了米、面、油等慰问品。乡领导干部再次深入帮扶的各贫困村，通过走访慰问将创业成功人士及爱心企业的关心与问候传递到贫困户家中。

（四）严格督导和管理

严格考核。为了精准评价工作进展，南向店乡还制定了《精准脱贫大会战中乡村干部考评办法》、《脱贫攻坚综合推进情况考核表》、《脱贫攻坚档案建设督查考核打分表》、《帮扶工作督查考核打分表》。每星期一检查一评比，定期对工作扶贫工作进行打分评价。乡政府还每周召开一次驻村"第一书记"、乡村干部会议，听取各村帮扶情况，安排下周工作。乡政府还树立帮扶单位先进典型、帮扶人先进典型、贫困户自我脱贫先进典型等，使帮扶单位、帮扶人学有典型、干有目标，让贫困户脱贫学有榜样、干有希望。

奖惩分明。为了更好推进精准扶贫精准脱贫，县委、县政府出台了《脱贫攻坚问责办法》。针对考核和督查结果，乡政府每月在全乡范围内进行通报及有关奖惩。对获得优秀等次的乡属站所办帮扶责任人，将由乡脱贫攻坚指挥部发文表彰，这也被作为年终评选推优的重要依据；属乡直单位工作人员或县局委办下派干部的，将检查评估结果反馈给所属单位并建议给予表彰奖励。对检查评估为"差"等次的单位实行一票否决，并责令限期整改。

加强督查。为了巩固扶贫成绩，南向店乡加大督查力度，成立了精干的专业队伍，定期或不定期对全乡精准扶贫工作进行督查，实现对过程的精准管控。督查对象包括帮扶单位、帮扶人、帮扶措施、帮扶效果。针对成绩，督查组上报表扬，差的则给予通报批评。

（五）扶贫做到精准化

南向店乡积极落实党中央精准扶贫和精准脱贫的政策，全面实施精准扶贫战略。南向店乡深刻学习和理解"精准扶贫"的精神实质和深刻内涵，把"转、扶、搬、保、救"五字作为精准扶贫的指导方针，坚持走"六扶"精准扶贫新路，取得较好效果。"六扶"指政策扶持、项目扶持、技术扶持、资金扶持、实事扶持、精神扶持。

首先，在贫困户建卡上实现精准。何畈村严格按照国家统一的扶贫对象识别办法，逐组逐户开展拉网式摸底排查和精确复核，严格审核每一个贫困户家庭和每一名贫困群众，针对贫困户进行登记造册，建立台账。在摸清底数的基础上，将全村最终确定的贫困户和贫困人口张榜公示，纳入扶贫信息网络管理系统，并根据致贫原因和发展需求，科学划分贫困户类型，以便做到有的放矢、科学扶贫和精准扶贫。

其次，在实施扶贫上也精准到户。村干部逐户调查致贫原因，根据每一家每一户的实际情况，采取有针对性的帮扶办法。逐一帮贫困户寻求经济发展门路，制定出精准脱贫致富的措施和目标。村镇干部还在政策、资金、技术、物资、信息等方面给予全方位支持。如因病致贫，则给予救济补助，并且帮助贫困户完善医疗保障和各类保险，实行大病救助和新农合救助。如因没有致富途径，各级干部则组织有劳动能力的贫困户免费参加县里举办的各类技能培训，如电子商务创业培训、中草药中智培训。如果家里没有年轻劳动力，村里干部就帮助老人购买家禽饲养。

（六）发挥党员和党组织的作用

在光山县打赢扶贫攻坚战的努力中，党员发挥了重要的作用。县、乡的一把手党委书记都亲自抓扶贫，经过学习和培训，全体党员扶贫攻坚的氛围已经形成。上至县委书记，到下乡干部，下乡时都会在胸口别着一枚党徽，目的是让每个党员铭记扶贫工作时义不容辞的光荣使命。

乡镇干部党员都发挥带头作用，与贫困户结对子，进行一对一帮扶，如图3-3所示。党员定期走进贫困户家中，宣讲国家扶贫政策，了解其贫困情况和原因，有针对性地帮助贫困户找到脱贫途径。一批脱贫攻坚优秀共产党员典型不断涌现出来。他们的事迹被媒体广泛宣传，引导全县党员参与到脱贫攻坚战中来。

信阳市还将乡镇党委抓党建促脱贫攻坚纳入台账管理，由县区党委组织部每半年组织乡镇党委进行交叉检查

表 3-1　何畈村帮扶对接情况一览

帮扶人姓名	年度脱贫被帮扶人			
	2014 年	2015 年	2016 年	2017 年
赵玲	（街北）熊从珍	（街北）张元玲（陈榜）胡良财（两人帮）（何楼）刘少友（赵畈）赵基根	—	（何楼）李方友
徐规军	（陈榜）吴开银	（陈榜）胡良财（两人帮）	（陈榜）胡贤益	—
宋从军	（街北）李方志	—	—	（街北）宋从国　宋从满
赵涛	（街北）李方镐（何楼）赵全福	—	—	（陈榜）胡贤胜（两人帮）（街北）晏庆元（两人帮）（何楼）李德连（两人帮）
李娴	—			（陈榜）胡贤胜（两人帮）（街南）侯建军（两人帮）
邹扬	—			（陈榜）胡贤胜（两人帮）（街南）侯建军（两人帮）

评比，互相打分，进行综合排名。将考核结果上报市委组织部，作为党员升职和评优的重要参考依据。

（七）第一书记发挥重要的帮扶作用

2015 年 9 月，信阳市、光山县两级政府选派 9 名干部到南向店乡担任驻村第一书记，开展驻村帮扶脱贫攻坚工作。信阳市委书记乔新江说："第一书记就是飘扬在最基层的党旗，是老百姓能看得见的党！"事实证明，第一书记确实在扶贫攻坚中发挥了重要作用。叶红梅就是其中一位战斗在扶贫第一线的第一书记。叶红梅是来自光山县商务局的一名团委书记，自从担任何畈村的第一书记后，她的工作更加忙碌了。虽然工作量大、复杂，但是她很快调整了定位，用最短时间融入了驻村扶贫工作。为了拉近和贫困

图 3-3　第一书记叶红梅到贫困户李芳志家走访，帮其剥花生

（叶红梅提供，2017 年 3 月）

户的距离，叶书记经常到村里和贫苦户拉家常，帮农户做家务，亲切询问他们的健康和生活情况，并认真记录每一家的实际情况，对贫困户信息仔细核实。叶书记还详细向贫困户宣讲国家的扶贫政策，鼓励贫困户坚定生活信心，帮助贫苦户分析致贫原因，推荐致富途径。力所能及地帮贫困户解决实际生产和生活中的实际困难，使其实现稳步脱贫。

叶书记认真履职，始终与村"两委"奋战在脱贫第一线，把扶贫工作下沉到每个贫困户，和每个贫困人口建立紧密联系。她常常一次驻村就十几天，最近的半年，叶书记在村里工作了 160 天，拜访过 180 户贫困家庭，亲自带领 2 户家庭脱贫。虽然离县城的家仅仅一个多小时的车程，但她也来不及回家照顾自己面临中考的孩子。在 2017年国庆和中秋的八天假期里，全国人民都在享受假日的快乐，而叶书记却有七天坚持在村里工作，她抽不出时间陪

图 3-4　第一书记叶红梅和村干部商量扶贫策略

（叶红梅提供，2017 年 3 月）

自家的老人和孩子。工作忙时，她一天只睡几个小时。虽然很苦很累，但是叶书记没有轻言放弃，她说："驻村有时感觉就像包办的婚姻，不能预测未来的生活是怎样的，一旦嫁入你就不能轻言放弃。"驻村期间，时常身处脏乱差的环境，时常赶不上吃饭，时常忍受村民的误解，时常一个人走在漆黑的乡间小路，尽管面临重重困难，但是叶书记一直努力坚持在驻村一线。谈到支撑她的动力，她说"我想这可能就是使命与信念、德行与党性使然！"

二　扶贫扶志

（一）思想帮扶，扶贫扶志

光山县把"扶贫先扶志"工作放在了扶贫工作的重要

位置，开展了一系列"扶贫先扶志"专项活动，让全县广大干部群众充分树立起打赢脱贫攻坚战的信心，让贫困村民及早增强脱贫的志气和勇气。全乡努力营造勤劳致富奔小康的浓厚氛围。

"扶贫先扶志"从孩子抓起。通过教育孩子，增强贫困家庭的致富决心和信心。通过树立脱贫先进典型，激发其他贫困户内生动力去改善现状。通过座谈聊天，帮助贫困户转变思想，树立"贫穷可耻，致富光荣"的新观念。通过帮助贫困户找到致富途径，帮助贫困户树立致富的信心。通过各种"一对一"帮扶行动，带动贫困户劳动致富。

（二）强化文化建设，传播积极向上价值观

南向店乡通过向村民和贫困户传播科学健康的文化，宣传勤劳致富等社会主义核心价值观，补齐文化短板，助

图3-5 正在平整中的何畈村文化广场

推早日进入全面小康社会。南向店乡建成农民工文化艺术馆，全面反映南向店乡农民工创业的艰辛和反哺家乡的事迹。全乡还陆续投入 1000 万元，在各个村建设文化广场、活动室，组建皮影戏团、合唱团等文艺团体，进行巡回演出，丰富群众的文化生活。

第二节　经济扶贫

一　创新扶贫思路

扶贫也需要创新，既要创新思路，也要创新品牌和渠道。光山县为了鼓励在扶贫领域的创新，每年拿出 100 万元的专项资金，支持羽绒服装新款开发，免费提供新款式给贫困户使用。每年对农副产品新款开发给予奖励，每开发一款就财政奖励 1 万元，近三年，累计奖励近百万元。在电商扶贫的终端，对生产加工企业给予奖励扶持。全方位地支持创新，保障了营销中有好的产品、好的渠道、好的品牌，形成完善的扶贫产业链。

（一）创新品牌

为了推动光山产品走向全国市场、拓展网货产品种类、创造高附加值、扩大销售、引领群众脱贫致富,光山创新了"光山十宝"品牌。光山县注册成立了光山县农副产品电子商务协会,由协会牵头组织农副产品的开发。光山县通过投票,选举出最具光山特色的十种土特产品作为"光山十宝"产品用于网络销售。"光山十宝"产品包括:砖桥月饼、鸡公潭糍粑、黑猪腊肉、咸麻鸭蛋、青虾、茶油、油挂面、甜米酒、红薯粉条和"观五玫"鲜桃。通过网络销售,推动每一个特色产品的产业链发展,从原材料生产,到加工和销售环节,带动贫困户就业和创业。"光山十宝"凝聚了当地的民俗文化和家乡情。"光山十宝"品牌的建立,还有助于传承光山悠久的人文文化和历史。

"光山十宝"品牌的树立,不仅推广了地方土特产品,还承载了扶贫任务,其生产基地吸纳了大量贫困人口就业。"文之勋"月饼加工基地、黑猪腊肉加工基地、"鸡

图3-6 "光山十宝"

公潭"糍粑加工基地、咸麻鸭蛋加工基地、红薯粉条加工基地等"光山十宝"基地等陆续建成投产。随着"光山十宝"品牌的成长，这些基地将带动大量人口就业，带动扶贫脱贫工作。品牌化还提高了产品的附加价值，原先 1.1 元一块的月饼，现在在网上卖到 88 元一盒（内含八块月饼）。县政府为了表扬"光山十宝"的创新和扶贫贡献，分别给予 20 万至 100 万元的奖励，用于扩大生产和深度营销。

（二）创新营销方法

光山人紧跟新技术、新应用的发展，并尝试将其应用到扶贫工作中。"特色产业 + 电商 + 众筹扶贫"就是创新营销方法的一个最佳案例。信阳毛尖生长在海拔 800 米的山上，气温低，茶树没有病虫害，也没有农药残留。茶树全靠天然降雨滋润，用农家天然肥代替化肥，种植环境无污染。更长的生长周期使信阳毛尖营养物质更丰富，不涩不苦，有着淡淡的兰花香气。这种天然生长条件下出产的信阳毛尖，汤色鲜活翠亮，嫩芽细致饱满。然而由于没有很好的销售渠道，这样的好茶却卖不出好价钱。在传统营销条件下，茶叶刚刚采摘完，就被茶叶贩子低价收购，通过中间渠道的层层加价，最后卖给消费者。2016 年，由黄波牵头的光山县"又一村"茶叶专业合作社成立了，一帮年轻人希望通过合作社这种模式实现茶叶的标准化生产、有组织销售、品牌化运营，希望通过一系列行动改变农村茶农的窘迫生存环境。

一次偶然的机会，合作社发现了电子商务渠道的各种优势。于是，合作社在京东商城网站开展了众筹方式的销售活动。为了方便用户沟通，还增加了 QQ 群互动形式。互联网方便了茶农与用户之间的直接沟通和互动。通过视频直播形式，向用户播放采摘、炒茶的全过程。合作社随时向网友通报项目进展，介绍茶叶的生长状况和生产过程。这种互动，极大地激发了网友参与的热情。

良好的沟通促进了销售。活动结束时，信阳毛尖项目实现了总额为 202836 元的筹资额，超过十倍完成了当初众筹预期的目标金额。资金募集完成后，合作社加班加点向全国一千多名用户发货。由此，信阳毛尖用户粉丝群逐步形成，形成了稳定的忠诚客户关系库，这些用户也成为推广信阳毛尖的种子用户。

（三）自创岗位扶贫

南向店乡设立公益性岗位，吸引贫困户加入，通过岗位劳动获取工资脱贫。南向店乡创新管理思路，将脱贫攻坚公益性岗位收入与乡村综合治理结合起来。贫困户在获得公益

图 3-7　信阳毛尖项目在京东金融完成十倍众筹

（来源于京东网站，2017 年 4 月）

岗位的同时，承担乡村保洁和治安的职责。贫困户既获得了收入，又为家乡环境综合整治贡献了力量。此外，南向店乡还设立了生态护林员、光伏发电带贫、水稻保险协管员等公益性岗位395个，将有劳动能力的贫困户全部纳入。

二　特色产业扶贫

光山县在茶叶、油茶、麻鸭、中草药、羽绒服等产业上都具有一定优势。光山县把产业优势作为扶贫脱贫的突破口，以农民专业合作社为载体，按照宜种则种、宜养则养的基本思路，充分挖掘产业潜力，扶持有基础的合作社，包装品牌，拓展市场渠道，做大做强优势特色产业，带动特色产品销售，促进贫困人口就业，提高人民收入。光山县充分挖掘地方资源，利用当地特色资源促进发展，把脱贫与产业发展相融合，走出了一条特色产业扶贫之路。

截至2017年4月，南向店乡拥有农作物种植、林果加工和畜牧饲养等10多个专业合作社，辐射带动1000多家贫困农户通过发展特色产业拓展致富途径、增加劳动收入。

（一）总体战略规划，逐项落实

1. 制定特色产业扶贫战略

光山县县委县政府非常重视特色产业扶贫，制定了"多彩田园"产业扶贫示范工程行动计划。该工程以多彩田园作为载体，利用本地气候和资源优势，通过激发农村经济活力，大力发展乡域经济，做强传统优势产业，重点推进产业发展与贫困户增收的有效对接，提高农民收入，实现拓宽贫困群众稳定增收渠道的目标。县乡政府还帮助各村大规模调整"生态绿色"产业结构，合理规划，增加特色和附加值。在种植业上，稳定粮油种植面积，依靠科学种植和优良品种，增加产量，提高收入。同时，面向市场，建立瓜菜、豆类、油料、茶叶、中药材基地，大力调整种植规划，科学配比粮食作物和经济作物的种植比例，推动增产增收。2016 年 2 月，中央办公厅主任栗战书在光山扶贫调研时提出大力开展"房前屋后一亩茶，一塘肥鱼一群鸭"的产业扶贫建议。光山县将领导的建议和"多彩田园"产业扶贫项目紧密结合，积极落实扶贫各项举措。

从政策上保障产业扶贫项目的顺利贯彻实施。2017 年4 月，光山县印发《光山县"多彩田园"产业扶贫示范工程实施意见》和《光山县"多彩田园"产业扶贫财政奖补实施细则》。两个文件将发展特色产业作为扶贫的重要抓手，文件还明确了责任单位、工作任务、完成期限。为了科学布局，避免盲目开发，光山县还邀请国家农业部规划设计院帮助编制《光山县现代农业发展规划》。

从机制上保障产业扶贫项目的顺利实施。"多彩田园"工程采用了建设一个载体（政府以财政金融支持政策，引导建设有产业支撑、能带动脱贫的"多彩田园"综合体）、搭建两大平台（农特产品县级服务平台和农村电商平台）、形成三方主体（政府＋企业合作社等主体＋贫困户）利益联结机制。通过这种机制，调动各方的积极性，构造了一个责任共担、利益共享的产业扶贫发展体系。

从组织上保障项目的顺利贯彻实施。光山县成立了"多彩田园"产业扶贫示范工程指挥部，负责项目的组织和落实及管理。指挥部配备了县委各部门的精兵良将。指挥部统筹布置各项任务，协调推进项目执行。

从基础设施建设上保证产业扶贫顺利进行。光山县投资光伏发电产业，已在 10 个乡镇 15 个村建成第一期村级光伏扶贫电站，确保全县用电需求和用电安全。

从资金上保证产业扶贫的顺利开展。县政府以财政支持项目的建设，此外，还发挥金融资金的引导和协同作用，共同支持产业扶贫。县政府每年拨款 5000 万元，用于满足贫困户自主经营脱贫的资金需求和作为产业扶贫先进典型奖励基金。值得一提的是，光山县还创新扶贫资金的应用模式。光山县没有将扶贫资金发给贫困户，而是将扶持贫困户的信贷资金投入合作社，作为贫困户的入股资金。贫困户可以每年按股分红，获得持续的收入。合作社对贷款进行担保，政府对贷款进行贴息，合作社在用工时要优先考虑贫困户。这种方式既解决了合作社对生产资金的需求，又能实现贫困户的稳定增收。围绕资金，形成了政府＋信用社＋合作社＋农户的一个利益合作体，互相合作和促进，既发展了产业，又进行了有效扶贫，实现了双赢。

金融支持产业扶贫。光山县采用多种形式，利用金融手段向产业大户倾斜，支持贫困户脱贫致富。截至 2017

年 7 月底，光山县 9 家金融机构发放助农扶贫贷款 53 笔近 1.649 亿元，带动贫困户 3303 户致富。此外，光山县还充分调动社会资金参与"多彩田园项目"，其中，4990 万元用于发展油茶、茶叶、畜禽养殖、现代农业等产业发展，9758 万元用于支持贫困村集体经济发展，1.03 亿元用于支持光伏产业、电商产业、巧媳妇工程以及现代茶产业发展。光山县还通过发展壮大集体经济，带动贫困户就业和扩大收入。

为了产业扶贫资金使用的安全精准，南向店乡成立了大别山扶贫开发有限公司，注册资金 1000 万元。公司将以发展集体特色产业经济为主要方向，撬动多方面资金，盘活全乡资源，整合全乡扶贫项目，统筹管理实施，提高项目效率，降低资金风险。

2. 积极落实各项产业扶贫措施

从培育品牌着手。光山为了提升特色产品的附加价值、打造精品，培育打造了"光山十宝"、"光山羽绒"、"四方植物油"、"蓝天茶"等一系列特色品牌。通过打造品牌，提升了光山品牌形象，增加了产品附加价值，扩大了销售额和利润。

建设生产基地和产业园。为了实施产业扶贫战略，光山县建成了鸡公潭糍粑、黑猪腊肉、麻鸭蛋等"十宝"基地。培育更多有一定规模的产业园、科技园、创业园、合作社，引导乡村集中连片打造粮食生产功能区、重要农产品保护区和特色农产品优势区，将农产品的生产、加工、销售连成一体，规模化生产让生产效率更高、品质更有保证，从而让农民得到更多的加工、销售利润。

树立典型和学习榜样。光山通过树立优秀典型，宣传成功致富经验，让贫困户看到学习和努力的方向。乡、村领导请农业大户现身说法，讲自己的致富经验。乡党委及时总结、宣传典型案例的致富经和创业新经验、新做法。通过宣传典型案例，把农民通过劳动发财致富的积极性最大限度地激发出来。光山县已经树立一批特色产业发展带动扶贫的典型，如培育罗陈乡青龙河稻虾共作、南向店乡中药材种植、砖桥镇藏红花石斛种植、北向店乡富仁辉湖羊养殖等。

加大农业技术培训力度。何畈村按照产业扶贫的要求，认为农民知识和种植技术落后是制约农业经济发展的瓶颈问题。于是，村两委从提高农民的科学文化素质着手，建立健全乡、村、组科技推广网络，大规模开展"种、养、加"等科技培训，提高农民生产能力和致富本领，变"输血"为"造血"，让农民利用科学知识、靠自己的双手脱贫致富。村干部邀请县里的农技专家在何畈村举办了多场农业专业知识培训，对水稻、小麦、油菜等作物的种植、病虫害防治、田间管理等进行全民培训。经过初步统计，受过培训的群众达 800 余人次，农民的生产技能显著提高。与此同时，政府还加强针对大户的培训，组织乡村干部、致富能人、种植养殖大户等到沿海发达地区参观取经、扩大视野。

大造声势，积极推广。为了让更多人参与"多彩田园"产业扶贫示范工程，也为了吸引更多资源参与扶贫工程，光山县上上下下大张旗鼓地宣传该项工程及所取得的各项进展，举办活动并邀请媒体参与。已经成功举办官渡河首届龙舟赛、土特产品展销等 8 个产业扶贫现场会。

（二）特色产业扶贫项目硕果累累

何畈村自 2016 年启动精准扶贫攻坚战以来，不等不靠，干部积极性高涨，真抓实干，全村村民全部动员起来，多项产业共同发展助力脱贫，取得了实实在在的脱贫效果。

1. 农村经营主体迅速发展

在产业扶贫政策的鼓励下，农民积极性被调动起来，全县掀起了产业发展的热潮。农民纷纷组织起来，积极筹措资源，坚定了各自的发展方向。目前，光山县注册的合作社达 1500 多家，家庭农场 700 家，何畈村有 6 家合作社。农村经营主体的发展，提升了集约化和专业化水平，为农村经济的发展奠定了坚实的基础，成为带动数万贫困户走上产业化脱贫路子的尖兵。

2. 带贫能力显著增强

光山县产业扶贫工作不仅壮大了农村集体经济，加快了农村经济发展，还实现了合作社和贫困户双赢，增强了村民的凝聚力。截至 2017 年 5 月，光山县带动 5 户以上贫困户的"多彩田园"示范工程达 270 家，其中带动 100户贫困户的"多彩田园"示范工程达 23 家，累积共带动全县 8500 户贫困户增收。南向店乡注册的各类专业合作社已经有 39 家，其中带动贫困人口 100 户以上的专业合作社 5 家, 有力地促进了全乡的脱贫攻坚的顺利推进。

3. 产业结构调整加快

全县在已有传统农作物种植、家禽家畜养殖及特色油茶茶叶外, 发展了更多的特色产业: 新发展茶叶 7200 亩、油茶 1.2 万亩、苗木花卉 1 万亩、林下经济产业 0.6 万亩。目前, 全县有水稻 85 万亩、油菜 30 万亩、瓜果 5 万亩、茶园 24 万亩、油茶 18.7 万亩、苗木花卉 9.2 万亩、中药材 8.3 万亩。

此外, 传统养殖业也取得大发展。2016 年, 全县牛、生猪、家禽、羊的出栏量分别达到 3.8 万头、17.27 万头、1202 万只、2.05 万只, 肉类总产量 43890 吨, 禽蛋产量 27972 吨, 水产养殖面积达到 10.5 万亩。

最后, 利用丰富的羽绒资源和羽绒服加工优势, 光山县建成规模羽绒企业 82 家, 现场充绒户一万余家, 全县从事羽绒制品生产、加工、销售的工作人员达 12 万余人, 年产羽绒服、棉服 4000 万件以上, 年产值 70 亿元。

何畈村的鑫磊农业专业合作社开展系列创新, 促进产品销售, 带动贫困户脱贫致富。鑫磊合作社已经流转土地 1230 亩, 湖泊 120 亩。合作社的创新包括三个方面: 一是产品创新, 除了传统的水稻种植外, 合作社引进高品质种苗, 种植经济价值更高的草莓和莲藕。二是销售模式创新, 不是简单销售, 而是采取采摘 + 乡村游的模式, 融入消费者体验, 促进草莓利润最大化。三是品牌化, 为草莓大棚起名"法兰蒂"特色大棚, 有助于产品宣传和记忆。

四是经营模式，采取整合资源、多家主体合作经营模式，避免风险。鑫磊合作社的乡村游＋草莓采摘活动，受到了周边群众的欢迎，草莓园内可一边采摘、一边体验，高品质的草莓和热情的服务获得了游客的好评，带动了草莓销售。据合作社负责人黄鑫介绍，该合作社种植的法兰蒂草莓、牛奶草莓等特色大棚草莓，每亩产值可达到 1.2 万元。鑫磊合作社还带动了 3 户贫困农民种植草莓，提高收入，通过劳动走上脱贫致富之路。

春节过后，也是莲藕挖掘的季节。鑫磊农业专业合作社在同村农民流转的 16 亩荒芜水田里种植有机莲藕，经过几年的种植摸索，总结了大量种藕经验。合作社还从福建引进了高端莲藕的种苗。2017 年春节刚过，莲藕不仅大丰收，而且口感清脆爽口，销售前景喜人，利用互联网

图 3-8　鑫磊合作社草莓大棚

可以将有机藕卖到全国各地。初步统计，一亩莲藕产量超过 3500 斤，莲藕市场价约为 2.5 元 / 斤，每亩一年的收入就可以超过 8000 元，收益是种水稻的好几倍。黄鑫还创新挖藕方式，采用高压水枪挖藕，大大提高了挖藕效率，降低了采摘成本。合作社不仅吸收村民加入合作社，一起通过莲藕种植脱贫致富，还雇用了同村七八个贫困户帮助劳动。据悉，平均每年每亩莲藕能为农民带来 3000 多元收入。

案例 3-1：春江花木专业合作社

春江花木专业合作社积极响应县"多彩田园综合示范项目"号召，致力于产业脱贫致富。合作社在小彭湾村流转了上千亩土地，每亩给农民 500 元租金，带动了 100 多户农户增收。合作社还吸纳有能力的 60 户贫困户农民参加劳动，人年均增收 12000 元以上。合作社还改善传统雇用贫困户的方式，变雇用为合作，鼓励贫困户成为合作伙伴，通过技术培训，为贫困户免费提供苗木花卉种苗，统一生产和销售，不仅让农民收入增加，还增强了农民自力更生的自豪感，参与合作社的贫困户年均增收 15000 元以上。

（三）特色产业扶贫百花齐放

1. 茶叶扶贫

信阳毛尖是国内外著名的茶叶品牌，光山是信阳毛尖茶叶的主产地之一。光山拥有大面积的丘陵地带，非常适宜种植茶叶。信阳毛尖因此也成为产业扶贫的重要支柱产业。产业扶贫的主要方式是吸纳贫困户参与生产，通过劳动致富。为了吸纳更多的贫困户参与茶叶产业扶贫，增加劳动者收入，光山县多措并举，大力实施茶产业振兴计划，以茶叶为载体，推动茶业产业＋茶文化＋旅游的一条龙建设，在取得良好经济效益的同时，助推脱贫攻坚。

提升产业品质和品牌形象。政府通过深入调研，与茶农和业内专家共同把脉，提出了提升品质、塑造品牌、打造龙头的三大发展战略。还在地方组织成立茶叶协会，综合协调茶叶产业发展。通过活动，扩大影响，提升品牌知名度。通过举办斗茶大赛，让茶农和消费者意识到茶叶品牌和品质的重要性，提高了茶农品质优先的思想认识。在第十五届中国国际农产品交易会上，光山茶叶作为国家农业扶贫展区河南产品品牌，列入大会 1 号展厅 1 号位置，蓝天茶系列产品受到中外茶商的广泛关注。

打造龙头企业，带动贫困户脱贫致富。全县开展"阳光工程"、"雨露计划"、"新型农民职业培训"等项目，对茶农、茶叶经销商进行培训，提高茶农生产技能、营销能力和茶叶文化水平。每年培训人数都在 1200 人次以上，推动产业产销上新台阶。全县通过大力发展高品质茶叶，采取多种方式带动贫困户脱贫致富：一是鼓励贫困户将土地流转给茶农大户，进行集约化种植。二是鼓励贫困户到茶叶合作社打零工增加收入，聘请其成为管理或生产人员，使其在家门口就能有固定收入。光山县在茶叶增产增收的同时，贫困群众也获取了收入，加快脱贫致富步伐。

开展茶叶技术培训，助力脱贫。扶贫必扶智，授之以鱼不如授之以渔。政府在农闲时，邀请炒茶能手、专业技师对在家种茶的贫困户提供免费茶叶种植及采摘技术培训，为大家更好地种植、管护提供技术支撑。乡政府还针对贫困户实施定向茶叶收购，与贫困户签订保护价收购鲜叶协议，规避市场风险，保障贫困户的基本收入。

案例3-2：振华茶叶专业合作社

2015年4月，光山县南向店乡振华茶叶专业合作社隆重举行揭牌仪式。合作社的创办人李振华，是光山县十三届人大代表、县劳动模范。振华茶叶专业合作社依托陈墩茶场，新建高标准茶园2000亩，改造低产茶园2000亩，通过"公司＋合作组织＋农户"模式，带动贫困户通过采摘、加工、销售等服务脱贫致富。引进推广白茶、黄金茶等特色茶品，培育周大山云雾茶等叫得响的茶叶品牌，增加产品的附加价值。

振华茶叶专业合作社还与贫困农户牵手结对扶贫，走精准扶贫之路，帮助贫困农户早日脱贫。2017年开春，振华茶叶专业合作社拿出资金10万多元，从安吉购进"黄金叶"茶苗100多万株，无偿分发给贫困农户栽植，提供技术指导、统一管理、统一销售服务，新发展"黄金叶"

图 3-9　振华合作社创始人李振华

茶园 200 亩。据了解,"黄金叶"茶是安吉白茶的新品种,干茶每斤的收购价格超过 5000 元,农户获得较高的利润,可以实现快速脱贫。

合作社与贫困户和村民的劳务费都是一天一结账,根据村民采摘茶叶的重量给予劳动报酬。调研组调研时,恰巧遇到李振华从银行取钱回来。由于在银行取的现金数目巨大,而且其中有大量零钱,李振华抱着一包钱回来时,竟然不小心闪了腰。

2. 水稻扶贫

何畈村地处青龙河岸边,有大量的水田,有多年种植水稻的基础。乡政府通过统筹,推进水稻生产设施建设,集中打造"土地平整肥沃、灌排设施完善、农机装备齐

图 3-10　何畈村的贫困户参加采茶劳动

全、技术集成到位、优质高产高效、绿色生态安全"的高
标准永久性粮田，提高粮食种植的产量和质量。何畈村从
本村实际出发，依托地理优势和产业基础，积极参与县委
县政府发起的特色产业扶贫计划，以水稻、萝卜、草莓、
莲藕种植为主要脱贫项目。

　　通过土地流转帮助贫困户脱贫。由于村内青壮劳力多外
出打工，一部分土地处于荒废状态，为了将荒废的土地利用
起来，村干部帮助大户和合作社流转土地，并通过各种渠道
在资金上给予支持。全村共流转 1000 多亩土地，每亩地的
流转价格达到 350 元。土地所有者通过流转土地直接提高了
收入，意味着每个贫困人口每年每亩地多增加 350 元收入。

图 3-11 振华合作社每天发放劳务费

（李振华提供，2017 年 5 月）

图 3-12 排队领劳务费的村民

（李振华提供，2017 年 5 月）

图 3-13 黄鑫雇用贫困户帮助插秧

（黄鑫提供，2017 年 3 月）

通过水稻种植劳务扶贫增收。何畈村依托村内合作社和农业大户，发展水稻连片种植，鼓励大户通过流转土地，大规模投入生产，提高生产效率，带动贫苦户共同致富。春季，合作社和大户会组织村内贫困户参加插秧劳动，每年参加插秧的贫困人员达到上百人。水稻插秧时间大概持续二十天。合作社优先吸纳贫困人口并适当提高报酬，助推贫困人口脱贫。参与劳动的贫困人口每人每天会获得收入 150~200 元，人均每个插秧季的劳务增收达到 3000 元。

3. 羽绒产业脱贫致富

光山县盛产羽绒和毛丝等原材料，并且是羽绒产品的市场集散地，羽绒产业在光山县具有三十多年的历史和积淀。光山县给自己设的小目标是建设成为全国最大的羽绒产业基地。据调查统计，目前全县共有羽绒产业加工厂122家，其中羽绒服装加工企业76家、绒毛加工企业35家、羽绒辅料加工企业11家。羽绒材料交易市场经营户500多家，现场充绒户8000家，羽绒电商经营户近5000家，从业人员12.6万人。在此基础上，光山县年生产、销售羽绒服、棉服4000万件上，年产值达70亿元。自2011年被确定为全国扶贫开发重点县以来，光山县有2万多农村贫困人口依靠羽绒产业实现了脱贫。羽绒产业已经成为光山贫困群众脱贫致富的重要支撑产业。

在"互联网+"的新背景下，光山借助羽绒优势，打造互联网+羽绒+扶贫发展模式。羽绒产品不仅走出光山、引领河南，还叫响全国，带动大批贫困户脱贫致富。仅2016年"双11"，光山全县通过电商就销售了近1000万元的羽绒制品。光山县的大学生向满余还在俄罗斯的B2B平台TIU上开了网店，把羽绒服卖到了俄罗斯。

制定羽绒产业扶贫规划。光山县落实县委、县政府脱贫攻坚总体要求，制定《羽绒产业扶贫工作规划》，此外光山县还出台了《羽绒服装产业"十三五"发展规划》、《羽绒产业发展行动计划》等扶持政策。以政策保证目标实现，在行政审批、项目资金、基础设施建设、人才建设上都给予最大的支持。为了推动羽绒产业助力脱贫致富，光山县采取"政府主导、部门牵头、企业参与、订制户加盟"的模式，通过订制加盟、规模企业带动、巧媳妇工程、羽绒电商等多渠道、多途径帮助贫困户增收脱贫。脱贫目标是实现羽绒行业带领万人脱贫。

建设羽绒产业园。光山县把官渡河产业聚集区发展为以羽绒为主导的产业区并强化政策支持和资金扶持，完善园区的基础设施，提供周到细致的配套服务，吸引大批在外从事羽绒产业的光山人回归。他们带着资金、技术和品牌加盟，推动光山羽绒产业继续发展壮大。

建设孵化基地和支撑平台。县政府投资创建羽绒企业创业中心，为已入驻的 16 家小微加工企业及网销用户免费提供生产厂房，降低了创业者的进入门槛。此外，县政府还整合资源，建设三栋标准化厂房，作为羽绒服产业基地。

广泛培训，加大电商销售力度。光山县开展电子商务创业培训，鼓励更多的适龄贫困人口投身羽绒电商产业，为贫困群体提供电子商务创业致富的机会。冰亚服饰公司代理正元·名派等品牌，在经营中坚持线下批发和线上零售相结合的方式，2017 年的销售额已近千万元。爱衣缘网店单纯做线上代理销售，目前年经营额在 100 万至 150 万元之间，纯利润在 10 万元左右。

走品牌化和品质化道路。光山县总结三十余年的羽绒产业营销经验发现，只有摒弃传统粗放型生产方式，走品牌化和品质化战略，才更能满足当代市场的需求，提高企业的竞争力。县政府决定花大力气打造"光山羽绒"这一地理商标。每年，羽管委和羽绒行业协会都会主办"年度羽绒服装新品发布会暨高端订制连锁加盟推介会"。经过广泛宣传和转变观念，企业纷纷一方面建设自己的商标和品牌体系，另一方面通过提高产品设计水平来提高品质。县政府还出面与上海一家服装设计公司合作，每年研发上百种新款式，提供给全县行业经营者免费使用。2016年，光山县的"心典"、"金鸳鸯"和"联心"三个品牌被认定为河南省著名商标。为了鼓励产品创新，光山县政府对羽绒服装生产企业设计新款服装也进行奖励，每款奖励达到3000~5000元。

推动企业提升能力，转型升级。在人才引进方面，县政府还组织企业与周边大学建立合作，借助学校优势建立产学研合作基地，提升产品研发能力，吸引人才。在提

图3-14　光山县服装设计研发推广中心

升企业能力方面，政府还与青岛红领集团签订战略合作协议，打造智能制造基地，带动光山县传统制造业转型升级。

广泛宣传和营销。为了做大光山羽绒品牌，光山县开展了大量的营销工作。将线下活动和线上销售进行有机结合。如在其他县市进行巡展，到阿里巴巴集团公司进行展示销售，到对口支援单位——中央办公厅进行展览营销。

案例3-3：寒羽尚公司羽绒产品带动贫困户脱贫

寒羽尚公司是光山县羽绒产业龙头企业，也是省级产业扶贫定点企业。公司自创建以来，先后为农村富余劳力提供就业岗位1000余人次，员工年均纯收入达3万元以上，直接帮助200余户贫困家庭脱贫致富。"涵衣坊"羽绒服装高端订制连锁加盟是寒羽尚服饰公司实施精准扶贫的又一重大举措，该模式以专业的研发团队、先进的生产设备、一流的管理体系为依托，吸纳广大羽绒服装订制户加盟，整合资源、搭建平台、抱团发展，打造"公司＋订制户"的新模式。公司针对贫困户制定了专门的优惠政策，除免收加盟费外，每件羽绒服还享受5%的优惠。在用工方面，公司坚持优先录用农村贫困人口、留守妇女和下岗职工，并专门成立培训机构，免费为他们培训技术后再合理安排就业岗位。

寒羽尚公司还承办了"2016羽绒服装新品发布会暨'涵衣坊'高端订制连锁加盟推介会"。在新品发布会上，共展示精心打造的时尚、新颖、经典的新款羽绒服100余款，现场共有613家现场充绒户签约加盟。寒羽尚公司还采用线上线下相结合的方式拓展产品销售渠道，推动企业多元化运营和转型。2016年，公司的产值达到新高，突破2亿元。

4. 中草药扶贫

中草药种植是朝阳产业，经济价值高，带动致富快，效果好。发展中草药，既与国家的大政方针相一致，又与全乡发展生态之乡、文化之乡、旅游之乡的建设目标高度吻合。发展中草药种植是农民增收的一条有效途径，是贫困户脱贫的有效手段。南向店乡在所辖的八个村中提出"人均一亩药"的发展规划，计划在2016年实现贫困人口2945人人均一亩药，2017年实现全乡1万人人均一亩药，2019年实现全乡4.3万人人均一亩药。

增加土地种植面积。光山县农民自古有采药、种药的传统。在原有的种植基地的基础上，开拓其他荒地用于中草药种植。目前，比较大的合作社淮河源林药专业合作社、有五岳油茶基地、沈氏伟业种植合作社，采取林下套种的方式。南向店乡共种植中药材3000亩。

贫困人口和企业结对子。乡政府制定了中草药扶贫结对子方案，贫困人口通过与企业牵手对接，进入中草药种植产业以增收致富。通过规划，贫困人口可以任意选择三种方式参与中草药种植：首先是土地入股。贫困人口可用自家的荒山荒地入股中药材种植合作社，由合

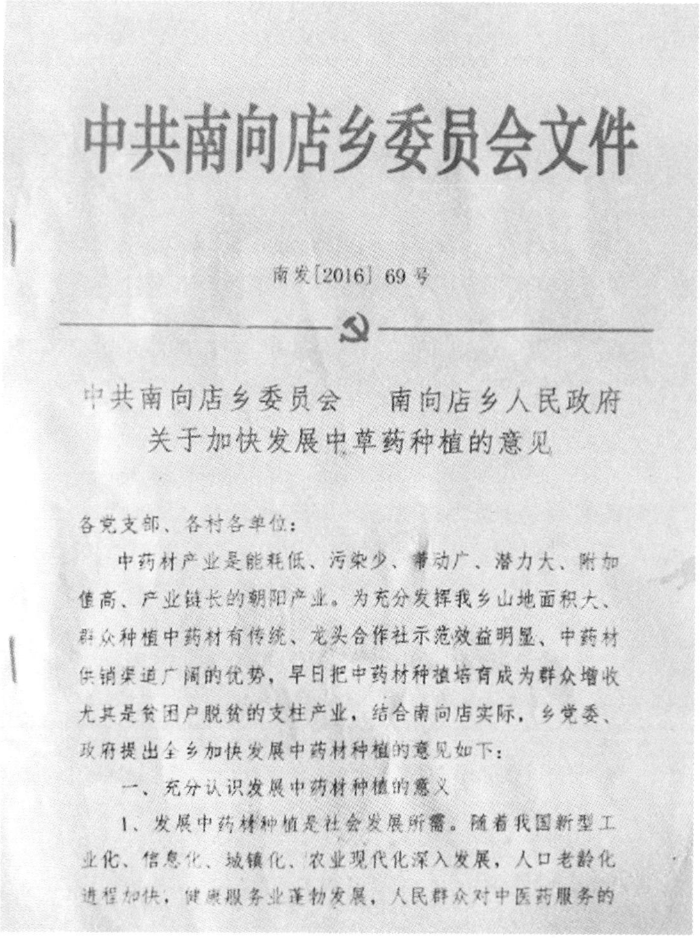

中共南向店乡委员会文件

南发〔2016〕69号

中共南向店乡委员会　南向店乡人民政府
关于加快发展中草药种植的意见

各党支部、各村各单位：

中药材产业是能耗低、污染少、带动广、潜力大、附加值高、产业链长的朝阳产业。为充分发挥我乡山地面积大、群众种植中药材有传统、龙头合作社示范效益明显、中药材供销渠道广阔的优势，早日把中药材种植培育成为群众增收尤其是贫困户脱贫的支柱产业，结合南向店实际，乡党委、政府提出全乡加快发展中药材种植的意见如下：

一、充分认识发展中药材种植的意义

1、发展中药材种植是社会发展所需。随着我国新型工业化、信息化、城镇化、农业现代化深入发展，人口老龄化进程加快，健康服务业蓬勃发展，人民群众对中医药服务的

图3-15　南向店乡《关于加快发展中草药种植的意见》

作社统一组织种植和管理，贫困人口按照投入面积获得分红。其次是资金入股，贫困户可以申请小额贷款入股中药材种植合作社，年终根据经营业绩获得分红收入。最后是通过劳动获得报酬，贫困户可以与合作社签订用工协议，参与种植、除草、采摘等劳动，从而获得劳动收入。

图 3-16　南向店乡中草药种植示范区分布

　　与院校合作，获得技术支撑。南向店乡与信阳农林学院建立合作关系，获得中草药种植的理论和技术支持。

　　与企业合作，建立销售渠道。乡政府组织合作社与羚锐制药和宛西制药对接，建立销售合作关系，解决销售难题。乡政府还与全国药材市场等信息平台建立合作，对中药材"兜底"收购。降低了农民种植风险，提高了农民种植积极性，房前屋后的土地都被农民利用上，全乡种植面积不断增加。

　　组建培训班，提高贫苦户技能。南向店乡成立中药材种植培训学校，请大学老师和种植能手为贫困户讲解大别山地区地道中药材种植技术与增收技巧、我国健康产业发展趋势及地道中药材的种植前景、地道中药材的市场需求等内容，为贫困户提供技术支撑。南向店乡扶贫产业中药材种植培训中心已组织培训和现场指导 21 场次，培训药材种植农户、乡村干部、农村党员、农业合作社负责人等1100余人次，聘请中高级农业技术人员6人、基地技术服务人员10人。

打造地方品牌，南向店乡规划建设中药材特色小镇，力争形成地方中草药品牌，做大规模，做强品牌。南向店乡立足于种植高品质中药材，为了扩大宣传，乡政府特地投资建设了地道中药材展厅，展示南向店乡中药材品种、种植技术，展示中药材产业带动贫困户脱贫情况。

扩大产品种类，提高产品附加值。乡政府带动合作社拓展产品大类，深入挖掘产品价值。研制开发地道中药材药膳、药浴、中医药养生产品，开展精深加工，提高销售利润。南向店乡引进桔梗、苍术、柴胡、黄柏、厚朴、杜仲等市场前景好的中药材品种。

中草药种植扶贫效果明显。南向店乡"人均一亩药"的实践表明，中草药种植的收益稳定、相对丰厚，每年每亩土地的种植收益超过4000元，其中苍术等品种收益更高，达到每亩6000元左右。目前，南向店乡已有265户817名贫困群众与合作社签订了种植协议，预计户年均增收16000元，脱贫前景喜人。

案例3-4：五岳专业合作社借助中草药产业扶贫

南向店乡五岳淮河源野生苗木培育专业合作社有六年多的运作经验。该合作社主要从事花卉、野生绿化苗木、野生中草药的培育、种植及销售。合作社自创建以来，一直以"只采种子不挖根、利用资源帮扶脱贫"为本，以野生绿化

图 3-17　南向店乡中药材培训中心

苗木培育与保护利用为经营方向，帮助农民实现脱贫致富。合作社采取灵活多样的方式，邀请贫困户加入，既可以土地投入，也可以劳动力投入等多种形式建基地、带农户、发展社员。合作社按统一标准的科学管理模式，实现了按规范标准种植、统一培训、统一采购、统一服务（销售）。合作社还采取苗木与中草药套种方式，帮助了贫困户提高土地综合利用率，实现增产增收。

经过六年多的发展，合作社的社员由成立时的 6 人发展到 96 人，种植面积由初期的 63 亩发展到 840 亩。每年培育种苗 110 万株，苗木及中药材销售等经营服务总收入 321.90 万元，社员人均增收 11400 元，带动农户 121 人，

中草药项目带动一百个贫困户基本信息

单位：元

贫困户户主姓名	家庭人口（人）	产业基础	预计增收	财政补助资金	社会资金	资金投入合计
熊敦涛	3	种植中草药	2000	4000	4000	8000
李绍良	1	种植中草药	2000	4000	4000	8000
张宜生	3	种植中草药	2000	4000	4000	8000
张宜柏	1	种植中草药	2000	4000	4000	8000
李立和	5	种植中草药	2000	4000	4000	8000
兰秀传	1	种植中草药	2000	4000	4000	8000
余白贵	5	种植中草药	2000	4000	4000	8000
李立良	5	种植中草药	2000	4000	4000	8000
江秀昌	3	种植中草药	2000	4000	4000	8000
张宜夹	2	种植中草药	2000	4000	4000	8000
袁彩国	3	种植中草药	2000	4000	4000	8000
金莲新	3	种植中草药	2000	4000	4000	8000
公平国	6	种植中草药	2000	4000	4000	8000
金维美	4	种植中草药	2000	4000	4000	8000
杨远意	2	种植中草药	2000	4000	4000	8000
邱建型	1	种植中草药	2000	4000	4000	8000

图 3-18　中草药项目带动贫困户信息

户均增收 53000 元。该合作社还因突出成绩被评为"市级示范合作社"。

5. 油茶扶贫

油茶业也是帮助脱贫致富的好产业。南向店乡有油茶种植面积 1.6 万亩。虽然油茶还处在成长阶段的幼苗期，但是乡政府给予了大力支持，不仅邀请高校专家指导种植，还鼓励农民与合作社合作套种中草药材增收。大山寨油茶基地套种 2000 亩中药材；沈氏伟业生态农业合作社在油茶间隙套种中药材 1000 亩，种植的品种有：夏枯草、桔梗、苍术等中药材。通过套种，既可以加强新植油茶林的管理，又可以提高土地利用效率，每亩每年预计增收 3000 元，同时解决 210 名贫困户就业问题。

6. 种养殖业扶贫

通过特色养殖提高贫困户收入，为特色产业扶贫探索新的发展路径。光山县推广的"多彩田园"项目包括对养殖户的奖励和补贴政策，鼓励企业和农户发展特色种植养殖业，并且在生产用地、金融、技术等多方面给予支持。南向店乡涌现出一批有较好发展前景的特色种植养殖户，如环山村野山鸡养殖，规模已达 600 余只；巍浪家庭农场珍珠鸡养殖，规模已达 500 余只；环山村娃娃鱼养殖，已投资 50 万元，规模已达 300 余条；王店村肉牛养殖，规模已近 200 头。南向店乡还新培育了陈墩村蘑菇种植、环山村芡实种植等特色种植养殖产业，力争使"多彩田园"产业扶贫示范工程的内涵进一步扩大。

7. 蔬菜种植扶贫

蔬菜种植也是特色产业扶贫的主要内容之一。光山县通过蔬菜合作社带动贫困户参加力所能及的劳动、获得收入。天隆农业蔚蓝专业合作社就是通过种植蔬菜带动贫困户脱贫的典型。合作社以"基地 + 合作社 + 农户"的种植模式，先后建成弦山街道办事处、椿树岗村、北向店乡曹畈村、文殊乡凉棚村蔬菜种植基地计700多亩。合作社以种植西兰花为主，西兰花销往北京市场，还出口韩国、俄罗斯等国家，年产值可达到650多万元。合作社可解决当地126名农民的常年就业问题，并带动42户贫困户种植西兰花，每户年均增收2.6万元。

8. 旅游扶贫

2016年，国家旅游局、国务院扶贫办公室等部门联合发布的《乡村旅游扶贫工程行动方案》为扶贫脱贫提供了一个全新的路径。该方案中明确提出："十三五"期间，通过实施乡村旅游扶贫工程，使全国1万个乡村旅游扶贫重点村年旅游经营收入达到100万元，贫困人口年人均旅游收入达到1万元以上。以光山火车站开通客运业务为契机，光山县打响"乘司马号专列，游中国智慧之乡"的旅游品牌，启动了生态游、农耕游、红色文化游等线路，带动脱贫1200余人。2016年，光山县还被农业部认定为全国休闲农业和乡村旅游示范县。

南向店乡是一个具有悠久历史的生态文化古镇，既有多物种的自然生态、又有历史悠久的文化古迹，环境优美，旅游资源非常丰富。南向店乡境内有王母观风景区、五岳湖风景区、胡煦故里、向楼古村落、王母观古庙、新石器时代徐畈文化遗址，境内还有河南省最大原始枫香林、大山寨千年以上古银杏树、光山县工农民主政府旧址、刘邓首长旧居、信阳革命老区中共中央中原局旧址、鹭鸶湾战斗纪念地等五十余处旅游景点。

南向店乡紧紧抓住政策机遇，依赖本地优势旅游资源，大力发展旅游扶贫事业，增加贫困户收入。旅游成为南向店乡精准扶贫的一个重要突破口。2014年春，南向店乡就提出建设生态之乡、文化之乡、旅游之乡的"三乡联建"战略发展思路。乡里不仅成立旅游开发领导小组，还成立专门的旅游开发办公室，负责全乡旅游开发具体工作。乡里出资请专业的团队制定《南向店乡"十三五"旅游发展总体规划》，进行长远规划、科学布局。对外，南向店乡加大景点宣传力度；与此同时，对内，不断加强基础设施建设，美化环境。随着景点的繁荣，景点附近的农家乐也兴旺起来，村民的收入水涨船高。

全乡每逢双休日接待游客近800人、节假日接待游客达2000人以上，常年从事旅游餐饮业人员400余人，带动本地群众打工3000余人。2016年国庆长假，到南向店乡休闲游客近2万余人次，餐饮、住宿业客人爆满。村民赚得盆满钵满，看到甜头的村民随即开设了更多的农家乐，仅2016年，新发展的农家乐就有10家，旅社5家，特色商店10家。

南向店乡还将涉农体验加入旅游活动，打造旅游＋农业体验一条龙服务。看完景点，游客可以摘茶叶，体验制茶全过程。小朋友还可以接触家禽，体验喂鸡喂鸭，还可以自己动手采摘新鲜瓜果蔬菜，可以零距离接触农村、认识大自然。

在国家《乡村旅游扶贫工程行动方案》中，何畈村还被列为全国乡村旅游扶贫重点村。何畈村以徐畈新石器时代徐畈文化遗址作为发展旅游扶贫的基础，村两委把改善基础设施作为长远规划，逐步改善景点周围的生态环境，加大对遗址的保护力度。2016 年以来，村政府还到县里相关部门争取资金，相继投入 100 万元，新修村组道路 5 公里，新挖大塘 3 口，修建文化广场 1 处、农家乐 1 处、休闲垂钓 2 处，还在街道两侧安装路灯，进行了亮化和美化工作。改善基础设施，造福了村民和游客，改善环境，也为精准脱贫打下了基础。

第三节　就业创业扶贫

一　劳务输出扶贫

河南是人口大省，人口多、耕地少，产业基础比较薄弱，因此，劳务输出扶贫无疑是见效快的扶贫办法。为此，河南省先后出台了《关于打赢脱贫攻坚战的实施意见》、《河南省转移就业脱贫实施方案》，推动贫困家庭劳动力转移就业工作。南向店乡积极落实劳务输出扶贫工作，2016 年以来，以乡政府搭桥及贫困人口自谋职业相结合，促进劳务输出致富脱贫。目前，南向店乡 1031 个贫困人员外出务工，快速实现了大部分贫困人口的脱贫。

为了推动劳务输出工作，南向店乡成立了专门的劳务输出服务部门和组织。乡政府成立劳务输出领导小组，有条不紊地推进劳务输出工作。南向店乡还组建了劳务输出协会，负责搭建用工信息和剩余劳动力的对接平台。

南向店乡鼓励在外创业人员、工程承包人员、外出就业人员提供就业岗位信息，带动家乡贫困家庭劳动力转移就业。乡政府通过多种渠道采集省内外用工信息，并通过广播、宣传栏、以会代训、进村入户发放宣传单等形式广泛开展宣传，使农村剩余劳动力主动参与到劳务输出工作中。目前，全乡已有102名本土成功企业家主动参与到"牵手"贫困户活动中，帮助贫困户通过就业脱贫。2016年春节期间，乡政府还组织企业和贫困户用工对接会，邀请成功企业家展示企业，介绍用工岗位，为贫困家庭劳动力搭建就业服务平台。经过精心组织筹备，97家南向店籍成功企业家与1000多名困难群众举行"手拉手帮扶联谊会"活动，企业家们现场提供适宜困难群众的劳动就业岗位1063个，现场牵手签订用工协议121份。茶叶出口厂商龙氏集团最受欢迎，在茶叶厂工作者年收入达到5万元。在政府的主导下，企业积极参与扶贫，实现了社会力量的聚合，推动扶贫工作更上一层楼。

对吸纳贫困户就业的企业，乡政府还给予其一定优惠政策，如税收和土地优惠政策、资金补助、培训补贴等。乡政府为了提高村民的竞争力和适应力，还开展了多工种的岗位培训，提高村民的素质和能力，提高就业率。

鼓励贫困户外出打工脱贫。2017年春节，光山县委还举行了为外出农民工返岗赠票欢送活动。为助推精准扶贫、方便贫困户返岗就业，县政府决定由财政支出，为4620户贫困户购买返岗火车票，合计赠送火车票6566张。春节过后，村民们纷纷奔赴北京、东莞、深圳、广州等大城市打工。

南向店乡还专门建设了农民工文化艺术馆，用于展示本地成功企业家转移就业扶贫成果，进一步激发企业家的社会责任感。展览图文并茂地介绍了一批成功企业家如卢文全、胡镇、周建等心系家乡，带头为家乡经济发展做贡献，帮扶贫困户，吸纳贫困户到企业工作，回馈家乡的感人事迹。

图3-19　南向店乡农民工文化艺术馆

二 支持农民工返乡创业

近年来,县委、县政府始终坚持把做好返乡人员创业工作作为推动"大众创业、万众创新"的重中之重,全力促进返乡农民工、大学生、退役士兵等群体返乡创业。尤其在 2016 年 3 月,光山县被授予"全国支持农民工等人员返乡创业试点县"称号之后,支持就业创业工作又上新台阶,掀起了新的一波返乡创业热潮并取得新的成果。先后对 23.2 万人开展引导性培训,技能培训 3.8 万人。全县各类企业共计 3200 多家,其中返乡创办企业 1670 家,带动各类人员就业 12.6 万人。2016 年,新增返乡创办企业 587 个,提供就业岗位 1.1 万个,其中带动贫困人口就业 3277 人。

案例 3-5:贫困户胡良才种水稻脱贫,
并带动其他贫苦户致富

何畈村的胡良才最近成了名人。三年前还是贫困户的他,不仅依靠勤劳脱贫致富,还带领其他 28 名贫困户共同富裕。

胡良才出生于 1972 年,17 岁时到新疆打工,因为没有文化,只能依靠打零工、卖水果赚钱。除了能支付房租和生活费外,基本没有存款。2014 年,胡良才与四川籍的妻子返乡寻找机会,刚回来时居住在破旧的老房子里,生活比较艰辛。在村干部的帮助下,2015 年春季起,胡良才开始创业,饲养羊和猪,夫妻二人早出晚归,基本没有在晚上 12 点前睡过觉。2016 年,胡良才流转进了 280 亩田,年收稻谷20万斤，养羊50多只、猪30多头、鸡50多只。在胡良才两口子的勤奋劳作下，荒田变成了高产田，家禽也都个个肥硕健康。胡良才还流转进了山上的荒地，种花生和红薯，果实可以卖钱，叶子则可以喂猪喂羊。2016年，胡良才全年纯收入十多万元钱，一举脱贫致富。看到甜头的胡良才在2017年扩大了水稻种植面积，达到600多亩，经过村干部的协调，贷款50万元注册成立了"光山县财源农业专业合作社"。

村里的26户村民把土地流转给胡良才获得收入，每亩收入350元，平均每户每年增收1000元以上。贫困户还受邀到胡良才的地里从事插秧、打药、除草等工作，每个人一天能在他这领到130~150元的收入，当天晚上都可以得到现钱。仅这一项这些户贫困户每年能增收三四千元。

图3-20　何畈村胡良才接受调研组访问

村里 60 多岁的李开记是老五保户，因为年龄大了，很难找到零工做，胡良才邀请他帮助种植水稻，每年可以挣到 8000 多元。

脱贫后的胡良才还不忘回报乡邻，村里的大事小事都主动担当，修建村广场时主动出钱出力，谁家有困难都主动帮忙。胡良才被村民们称为"贤惠的人"。

第四节　社会扶贫

一　基础设施建设和公共服务扶贫

（一）基础设施建设扶贫

何畈村紧抓入列国家旅游扶贫重点村这个契机，改善生态环境，建设美丽乡村。村两委把改善基础设施作为长远规划，逐年进行改善。村干部主动到县农办、扶贫办、交通局等职能部门申报项目，争取资金。几年来，共投入100 万元，修缮乡村道路，新挖大塘，修建文化广场，建设垃圾填埋点，开设农家乐，建设休闲垂钓点。借助扶贫东风，何畈村申报到资金，在街道上安装了路灯，方便了村民，亮化了村庄，美化了家乡。

对于超期服役的基础设施，何畈村也做了改造。村里的一座石桥是 20 世纪 80 年代所建，年久失修，存在交通隐患。县政府了解情况后十分重视，派专业队伍为何畈村修了新桥，目前已经建成通车。

水利基础设施扶贫。光山县贫困村把提高水利服务与保障能力作为主要目标，把促进贫困村民生改善作为水利扶贫的重要任务，努力提升贫困村群众生产生活条件，为贫困村脱贫致富、全面建成小康社会提供水利支撑与保障。2016~2017 年，光山县共完成 58 个建档立卡贫困村的 129036 人（其中贫困人口 49868 人）的饮水安全巩固提升工程，进一步提高水质达标率和供水保障程度。

交通基础设施扶贫。在光山县，被扶贫部门认定的106 个贫困村全部实现了行政村所在地通硬化路，即每个行政村至少有 1 条路面宽度不低于 4.5 米的公路，通至或穿越村委会或学校所在地，畅通率达到 100%，行政村客车通达率达到 100%，行政村通邮率达到 100%。

电力基础设施扶贫。为了提高农村人口生活水平、保障特色产业发展、提升贫困人口转移就业的保障能力，光山县加大电力基础设施建设力度。全县 106 个贫困村，全部实施贫困村"村村通动力电"工程，为特色农业发展提供电力保障。光山县安排资金 1.1 亿元，建设 10 千伏配电台区 743 个。此外，还安排资金 8 亿元，新（扩）建 110 千伏变电站 7 座、线路 119.6 千米，35 千伏变电站 8 座，10 千伏配电台区 1732 个，实现 110 千伏变电站覆盖产业集聚区，10千伏主干线路互联率达到90%。2016年底，光山县实现全县农田机井用电全覆盖，推动服务贫困地区粮食增产，降低粮食生产成本。针对低保、五保户实行减免政策，每户每月减免10千瓦时电量，减少生活成本。

（二）教育扶贫

何畈村在扶贫工作中，把重点放在教育上，力争让每个孩子接受公平、高质量的教育，充分发挥好教育在脱贫攻坚工作中的基础性、保障性作用。光山县从加大教育投入、改善办学条件、加强乡村教师队伍建设、整合社会资源赞助教育等几个方面入手，全面提升贫困地区教育质量，解决因学致贫问题。

从2016年秋季开始，光山县实施全面覆盖建档立卡贫困家庭学生保障和资助政策，确保不因家庭经济困难而让孩子们失学辍学。给予贫困家庭适龄儿童教育补助。针对建档立卡贫困家庭的3~6岁儿童，每年每人给予600元学前教育保教费，400元生活补助费。针对建档立卡贫困家庭义务教育阶段学生，在免除学杂费、教科书费的基础上，按照年生均小学生1000元、初中生1250元、高中生和中职学生2000元的标准发放生活补助费。针对建档立卡贫困家庭本科学生、硕士研究生、博士研究生，分别按照每生每年4000元、6000元、12000元标准发放国家助学金。

为考入大学的建档立卡贫困家庭学生的助学贷款开辟

"绿色通道"，优先发放生源地信用助学贷款。2016年办理助学贷款3114人次，贷款金额2514.25万元；2017年已办理助学贷款3157人次，贷款金额2144万元。

2017年8月，光山县举行2017年"助力脱贫攻坚·点亮学子希望"助学金发放仪式。这个仪式是由河南省慈善总会、光山县慈善总会、老区建设促进会、信阳西亚和美商业股份有限公司共同发起和捐资的慈善公益活动。此次活动共捐资89万元，对158名建档立卡贫困户高中生、大一新生进行资助。

打造扶智、扶志的脱贫理念，引导中小学生树立正确的人生观。南向店乡所有学校开展以精准扶贫为主题的开学第一课和签名活动。围绕"什么是精准扶贫、为什么开展精准扶贫"等主题讲解精准扶贫第一课。通过培训和引导，激励学生正确认识贫困，树立自力更生、自主脱贫、劳动光荣的观念，有效阻断贫困代际传递。

（三）医疗扶贫

因病致贫，因病返贫，是困扰光山打赢脱贫攻坚战的难题。河南省针对因病致贫人群下发了《河南省困难群众县域内住院先诊疗后付费工作实施方案》，要求河南省困难群众县域内住院"先诊疗后付费"。困难群众包括建档立卡贫困人口、特困人员救助供养对象、城乡最低生活保障对象、困境儿童。困难群众患者的入院程序不同，无须交住院押金，可以先治疗后收费。同时，全县各级医疗机构对参加新农合贫困患者住院费用实行"一站式"结算，贫困患者只需在出院时支付由个人自负的医疗费用，新农合补偿费用由医疗机构先行垫付。

针对建档立卡农村贫困人口中9种重大疾病的患者，河南省还出台《农村贫困人口大病专项救治实施方案的通知》，建立专项救治台账，贫困人口患者可享受城乡居民重特大疾病医疗保障待遇，并且还可以享受大病保险、大病补充保险等有关规定中的相应补偿待遇。这一政策措施，有效地减少了因病致贫现象的发生。

二 整合社会资源帮扶

光山县在扶贫开发过程中，动员了大量的资金、人力，还调动了大量的社会资源共同参与。这些社会力量包括上级政府、民间组织、军队、企业、个人，甚至国外机构等方方面面。

2016年8月，中国人民解放军305医院对口扶贫光山启动暨捐赠仪式在光山县中医院举行。解放军305医院院长带领专家团队，坐诊县中医院，开展为期十天的义诊和医院帮带及培训，并向县中医院捐赠一辆配置先进的救护车。疾病是制约光山群众脱贫致富的因素，在现有贫困人口中，因病致贫的占比达到23.23%。高水平医疗资源的对接，将有效提高医院的医疗水平，缓解因病致贫的压力，促进精准扶贫工作的进展。

中央办公厅是光山县对口扶贫单位。中央办公厅前主任栗战书还亲自到光山调研，给予各种脱贫建议。中央办公厅还邀请羽绒服企业到中南海中央办公厅公共区举办展销活动。中央办公厅在光山县设立了扶贫助学金，帮助因学致贫的家庭摆脱贫困。2017年9月，光山县举行中办扶贫助学金发放仪式，为全县261名建档立卡的品学兼优的高中学生和刚入学的大学生发放了52.5万元扶贫助学金，助其完成学业和圆大学梦，每名建档立卡的贫困学生获得2000元的资助。

其他一些组织和单位也给予了光山扶贫各种支持：

- 中国青少年发展基金会按照每人每年1000元的标准，为光山县贫困户中的2746名在校生提供了资助。

- 河南合光教育有限公司向南向店乡捐赠图书1万册，价值26万元。

- 2016年6月，奥运冠军代表团来到光山县进行捐赠活动，为学生上了一节体育指导课，勉励孩子们认真学习，积极参加体育活动。

- 2016年4月，中国农业发展银行为光山县捐赠20万元，用于推进留守儿童托管家园的建设。

- 2016年6月，共青团河南省电子商务行业工作委员会向光山县贫困学生捐赠爱心衣物、书包、鞋子、食品等。

- 2016年4月，中原出版传媒集团在光山县设立帮扶救助基金。

图 3-21　光山县人社局代局长带队到何畈村参与帮扶

（叶红梅提供，2017 年 5 月）

第四章

光山县电商扶贫经验

近年，我国积极推动电子商务扶贫工作，先后出台一系列相关重磅政策，如《中共中央、国务院关于打赢脱贫攻坚战的决定》、《关于促进农村电子商务加快发展的指导意见》及《关于促进电商精准扶贫的指导意见》。其中，《关于促进电商精准扶贫的指导意见》（以下简称《意见》）高度认可农村电子商务扶贫的意义和可行性，指出，我国农村电子商务已成为农村转变经济发展方式、优化产业结构、促进商贸流通、带动创新就业、增加农民收入的重要动力。为了推动电子商务扶贫，《意见》还强调要在当地政府的推动下，引导和鼓励第三方电商企业建立电商服务平台，注重农产品上行，促进商品流通，不断提升贫困人口利用电商创业、就业能力，拓宽贫困地区特色优质农副产品销售渠道和贫困人口增收脱贫渠道，让互联网发展成果惠及更多的贫困地区和贫困人口。《意见》提出电子商务扶贫的总体目标为：到 2020 年在贫困村建设电商扶贫站点 6 万个以上，覆盖全国贫困村的 50% 左右；扶持电商扶贫示范网店 4 万家以上；贫困县农村电商年销售额比 2016 年翻两番以上。

从各地实践来看，农村电子商务与精准扶贫相融合取得了显著效果。电子商务赋能贫困户，土特产品直接对接全球大市场，缩短中间环节，增加信息透明度，减少成本，提高农民收入。2017 年，全国 832 个国家级贫困县实现网络零售额 1207.9 亿元（人民币），[①] 同比增长 52.1%。在一些贫困县中，还涌现出淘宝村，其中在省级贫困县中发现 400 个淘宝村，国家级贫困县中有 33 个淘宝村。

光山县农村电子商务起步晚，但是光山县及时抓住了国家大力推动电子商务进农村和促进电子商务精准扶贫的两个有利时机，通过电子商务实现精准扶贫脱贫。光山县加大力度整合地方特色产品，并与互联网技术进行有机结合，通过创建"双创平台"，加快推广"电商 + 贫困户 + 服务商"的电子商务脱贫扶贫模式。该扶贫模式有效地激活了贫困地区农产品资源，将贫困地区对接到全国大市场，利用电子商务进入门槛低的优势，赋能贫困户，引导贫困户和返乡农民进行电子商务创业就业，最终实现脱贫致富。

---

① 商务部，2018 年 1 月。

第一节　光山县电子商务扶贫取得的成绩

光山县的扶贫经验除了特色产业扶贫、劳务输出扶贫等方式外，最具代表性的要算是电子商务扶贫。经过几年的探索和实践，光山县电子商务扶贫取得了显著成绩。

一　电子商务交易额快速增长

自 2014 年光山县网上销售额超过 10 亿元以来，已连续三年稳定增长；2015 年网销收入超过 20 亿元，仅"双11"就销售收入 9880 万元。2016 年，电子商务工作再上新台阶，网销额达到 30 多亿元，全年快递 3000 多万单。2016 年仅"双11"当天就网销上亿元。目前，光山县已经注册网店 15000 余家，各级代办点 300 多个，从业人员上万人。

二　电子商务助力光山产品创新和市场拓展

在电子商务的推动下，光山打造了一系列适合网销的拳头产品。电子商务具有无时空、无国界的性质，从一开始就突破本地市场的局限，对接到全国乃至全球大市场。偏远贫困地区的优质农产品和特色产品能够通过互联网卖出好价钱，带动产品品牌化和个性化发展，继而推动传统产业转型，给贫困地区带来从未有过的机遇。光山羽绒服产品借力电子商务畅销全球，2014 年全年光山羽绒服的网络销售额 10 亿元，2015 年网络销售额为 20 亿元，而 2016 年"双 11"当天，网销羽绒服就达到了 1.39 亿元，全年销售额超过 30 亿元。光山的绿茶销售额同样在互联网上实现了飞跃，来自县政府的统计数据显示，某款绿茶在传统渠道根本卖不动，然而 2016 年的网销量达到 7000 多斤。地方品牌"光山十宝"是在"互联网 +"背景下的创新品牌，包括十种具有地方特色的土特产品，其中土月饼以前一年能卖 40 万块，2016 年上线后能卖出 80 万块，并且最终达到脱销状态。在 2017 年光山县微商、电商展示会上，500 多名草根微商、电商创业者展示了各自经营的产品，这几百名网商就是把光山产品对接到全国、全球大市场的新生力量。电子商务成为驱动光山经济发展和扶贫工作的新动能。

三 带动贫困人口提高收入和成就感

2015 年光山县先后荣获省、市、县电子商务示范县的称号。2015 年，光山县还被商务部和财政部吸纳为电子商务进农村示范县。2015 年网销收入超过 20 亿元，电商带动 7300 余名贫困人口就业，年人均增收 5000 多元。2016 年，电子商务工作再上新台阶，网销额超过 30 亿元，全年快递 3000 多万单。以光山县诚信实业公司为例，该公司以山茶油为主营产品，在传统渠道销售受阻后，在网上却实现了大卖。新鲜压榨出的山茶油，每斤在网上可以卖到 70 元，仅此一项，就带动 44 个贫困户脱贫致富。

南向店乡同样积极发展农村电子商务，目前已经建设淘宝点 5 家，实现了本乡特色农产品与全国市场的对接，拓展了销售渠道。据初步统计，全乡每月销售一万单产品，产品包括黑猪肉、红薯粉条、土鸡蛋、油条挂面等，每月成交金额达 80 余万元。全乡 36 家农产品加工作坊受益，带动了 126 户贫困户增收。

弱势人群提高了收入，获得了成就感。光山县还利用电子商务创业门槛低的特点，专门针对弱势群体进行培训，鼓励他们创业就业。2016 年以来，光山县已经举办贫困人口和残疾人电商创业培训班总共 14 期，培训贫困人口和残疾人 600 人，涌现出了一批像孙雅莉一样的贫困户和残疾人创业就业成功的典型。弱势群体通过电子商务创业就业，获得了收入，也提高了他们的自信和幸福感。电子商务创业还激发了农民返乡创业的积极性，外地打工人员返乡人数逐步增加，逐步激发了农村的经济活力，解决了"空巢老人"、"空巢妇女"和"空巢儿童"等社会问题。

四　电子商务促进了创业和就业，带动贫困户脱贫致富

虽然光山县的电子商务发展还处在起步阶段，但是带动了农民创业和就业。低成本使用电子商务平台及其服务体系对接全国市场，赋能贫困户，为贫困户脱贫带来了希望。首先，电子商务促进了创业，全县电商网店达到 15000 家以上，每家月收入均达到 1500 元以上。其次，网店运营吸纳了大量人口就业，如配套的客服人员和打包人

员，全县的贫困人口就有 678 人在相应岗位获得了工作，月收入都达到 2000 元以上。物流企业也吸纳了大量人口就业，全县 49 家物流公司吸纳贫困人口就业 245 人，成为带动贫困户就业的主力。再次，电子商务销售促进了生产加工企业的繁荣，全县 1.2 万家生产型中小微企业，同样容纳了大量贫困人口就业。最后，电子商务帮助贫困户销售土特产品、提高收入。光山县已经在贫困村开设 72 家网点，帮扶贫困人口 11148 人，累计销售 50 多种自产的土特产品，年销售收入 2 亿元，贫困人口人均增收 1800 元。

五　探索出一套发展电子商务的新模式

光山县在几年的实践中，摸索出一套行之有效的电子商务扶贫模式，可以概括为"网店 + 贫困户 + 协会"三位一体模式。首先在贫困村开设网店，引领贫困户上网，帮助贫困户把土特产品通过网络卖出去；同时，网店帮助贫困农户网购物美价廉的生产和生活用品，降低生活成本。由经过培训的年轻人担任村里的网店主，政府在房租、宽带方面给予支持。县里成立专门的电子商务协会，协会起到支持网点的作用，为网店提供拍摄、包装设计、仓储配送等配套服务，协调网店主遵守竞争秩序。

六　光山县电子商务扶贫工作获得社会广泛的肯定和认可

《人民日报》、中央电视台等多家权威媒体纷纷报道了光山县电子商务扶贫取得的成绩。光山县电商扶贫工作还荣获"全国 2016 民生示范工程"、"2016 中国农村电商特别奖"。2016 年，在阿里巴巴零售平台上，有 40 余个 [①] 贫困县网络零售额超过 1 亿元，其中就包括光山县。光山县还以优异成绩进入"2016 年电商消贫十佳县"榜单。

第二节　光山县电子商务扶贫的优势

2014 年以来，光山县委、县政府带领全县干部群众，因地制宜，精准施策，把电商扶贫和特色产业扶贫相结合，作为脱贫攻坚的重要抓手，高度重视，全力推进，不断实践，并取得了较好的成效。光山县电商扶贫能取得成功，很关键的原因是其对自身资源的充分利用。

一　自然资源优势

光山地处北亚热带向暖温带过渡区，光照充足，四季分明，年降雨量 1000~1100mm，山清水秀，森林覆盖率达到 31.5%；南部为浅山区（大别山余脉），海拔一般在 180 米以上，处于县西南的王母观最高海拔为 433.9 米；并且境内没有工业污染，水、空气、土壤质量均较高，非

① 阿里研究院：《阿里巴巴网络扶贫研究报告（2016）》，2017 年 3 月。

常适合茶树生长，是我国古代著名的淮南茶区。唐代茶圣陆羽在《茶经》中评述："淮南（茶），以光州上"；"生光山县茶头港者，与峡州同"。宋代沈括在《梦溪笔谈》中记载："光州光山场岁卖茶三十万七千二百一十六斤，卖钱一万二千四百五十六贯。"新中国成立后，光山县是国家林业局命名的"中国茶叶之乡"，是中国十大名茶之一信阳毛尖的主产区之一。

除了茶叶外，光山县因为自然环境好，农副产品的质量也相当优秀。南向店乡海拔大多介于 150 米至 800 米，年降水量达到 1000 多毫米，特别适宜油茶的生长；猪肉、红薯粉条、土鸡蛋、咸鸭蛋、油条挂面、五岳鱼、臭豆腐、浆粉豆腐、芝麻红薯片、野樱桃、野生猕猴桃等特色农副产品更是深受欢迎。马畈镇有 2000 多年桃树种植历史，鲜桃种植面积达 8000 多亩，鲜桃年销售 200 多万公斤，产值 2000 多万元。其"观五玫"鲜桃于 2016 年成功入选"光山十宝"。

二 传统产业优势

光山县传统的优势行业主要包括两个，分别是羽绒和茶叶行业。

第一个传统优势行业是羽绒行业。光山县的羽绒行业有一定的产业基础。光山金鸳鸯羽绒厂是光山县最早的一家国营羽绒生产加工企业，因经营不善，无法发放工人工资，只能将生产材料发放给职工。职工没有办法，只能在大街上搞起现场充绒，这种现象迅速蔓延到我国各地，从而形成了庞大的充绒大军，被称为"光山羽绒现象"。光山县羽绒行业发展的历程，经历了几个重要的阶段。

第一阶段，光山金鸳鸯羽绒厂倒闭后的自由经营阶段。在羽绒厂原有从业人员的带领下，光山县充绒户的足迹遍布国内大部分省（区、市）近2000个大中小城市。第二阶段，地区性产业链的初步形成。2001年规划建设位于光山县弦山南路两侧的羽绒材料市场，为周围地区乃至安徽、山东、江苏、浙江、江西、四川等省的现场充绒提供原料，年营业额达到3亿元以上，并对充绒行业的其他配套产业形成吸引，如河北的帽条，浙江的拉链、纽扣、缝纫线等，从而形成了完整的产业链。第三阶段，区域性产业地位的确立。2006年，由山东远大集团整体收购改制成立的远大鑫鸳鸯服装集团，创产值3.68亿元、利税4351万元，成为目前河南省最大的工贸羽绒服装出口企业和科研基地。2006年规划建设的占地200亩的"光山羽绒材料大市场"已成为我国最大的羽绒材料专业批发市场，年交易额达10亿元，提供就业岗位3500个。全县现场充绒户发展到1万余户，占全县总户数的近1/20，加上绒毛加工、辅料经营等相关产业，整个羽绒行业从业人员达10万余人，其中70%是农民。第四阶段，电商羽绒业的发展。2010年，电商与羽绒行业结合，足不出户行销全国成为新的现象。

第二个传统优势产业就是茶叶产业。2013年数据显示，全县茶园总面积达 21.5 万亩，采摘面积 11.5 万亩，年产干茶 545 万公斤，产值 5.546 亿元。全县拥有茶叶交易市场 6 处，年交易额 3.84 亿元。白雀园镇"大别山茶市"年交易量 15000 吨，是南茶北运的中转站、集散地；凉亭乡茶叶鲜叶交易市场远近闻名。全县茶叶从业人员 15 万人，茶区农民人均茶叶收入 3000 余元。茶叶产业已成为壮大县域经济、促进农民增收、推进新农村建设的支柱产业。全县有 15 个乡镇、管理区产茶，大多分布在南部浅山丘陵区，形成区域性生产格局。

三 政府强力支持优势

贫困地区电商扶贫的推广离不开政府的强力支持。光山县积极增加基础设施建设的投入，加快县域交通和物流发展，大力引进互联网企业落地，实施一系列推动电商发展的政策措施。光山县的具体做法如下。

第一，依托传统行业，投资建设县羽绒服装产业园，确立电商扶贫重点。羽绒行业作为光山县的传统行业，在经过三十多年的发展之后，已经成了全国著名的羽绒材料中心，全县有 20% 以上的人口直接或间接从事羽绒行业的相关工作，羽绒业拥有良好的群众基础。光山县政府明确产业发展目标，积极出台羽绒行业的电商发展计划、实施方案，做好顶层设计，特别是《羽绒产业助推贫困人口脱贫计划（2016-2018）》、《"电商 + 扶贫"工作实施方案》等文件，为电商支持羽绒行业发展、推动扶贫工作发展指明了方向。羽绒行业的快速发展特别是电商羽绒行业的兴起，在给从业人员带来收益之后，也为贫困人员带来了工作机会与发展方向，其中仅寒羽尚羽绒服装公司的回迁，就为贫困人口带来了300多个就业岗位。

第二，加强电商宣传，发挥电商扶贫的作用。光山县强化农村贫困人口的上网习惯，强化农村贫困人口参与电商的意识。通过报纸、杂志、电视、网络、电台等各种媒体，在全县范围进行宣传，提高群众对电商产业的知晓度。另外，将原有的现场充绒定制模式向加盟店和品牌连锁经营模式转变。将原有的作坊式的店厂一家进行分离，让前方的电商销售拥有更多的厂家选择，后方的生产厂家也可以专心生产，与整个销售平台建立合作，实现生产与销售的产业化经营。到2015年底，全县一半以上的现场充绒户向电商转变，成为电商业务的中坚力量。

第三，积极引进电商企业，精准扶贫，助农致富。光山县积极引进一批有扶贫意愿的优质电商企业，强力推进农村电商与精准扶贫融合发展，形成光山经济发展的新动力。2015年5月，光山与苏宁易购成功签约，加入"往来云商100县联盟"，目前，有30多个国家4000余种商品汇聚光山，实现了商品的"买全球·卖全球"目标。2015年8月，引进阿里农村淘宝项目，全县首批10个乡镇50个村点同时开业。截至2016年底，光山县实现农村淘宝网点全覆盖，农民购销很便捷。通过和阿里农村淘宝合作，已建立238个农村淘宝服务站（106个贫困村全覆盖），打通农村电商通道。特别是网上"年货节"、"春耕节"等活动的组织开展，节约了农民生产和生活成本，促进了本地农副产品线上销售。2017年1月5日，晏河电商精准扶贫服务中心作为光山县首家开业的电商精准扶贫服务站点，由爱便利公司向广大群众提供低于市场价10%的生产物资和生活用品，贫困户自产的本地鸡、鸡蛋、黑猪肉、茶叶等农副产品由服务中心以高于市场价10%的价格收购。电信公司再给予网络支持，帮贫困户学网、用网、懂网，更好地将电商扶贫网店与建档立卡贫困户利益联结起来，优先收购、销售贫困户的农特产品，形成"一店带多户"、"一店带一村"的网店扶贫模式，加快贫困村脱贫攻坚进程。

第四，加强电商品牌建设，增加电商扶贫途径。光山县政府在重点推进传统行业的电商升级改造过程中，努力丰富网销货源。特别是网销产品开发基金设立后，每年投入100万元的财政资金，在羽绒服饰设计、本地农副产品的开发方面，对专业服务设计公司、本地企业、个人、经营者予以奖励，尤其是对在这方面做出贡献的贫困群体，更进一步加大奖励力度。2015年共有47个贫困村、700多个贫困户、2400多贫困人口开始从事农副产品开发上线工作。在"光山十宝"之一——砖桥镇的传统工艺月饼的开发过程中，因为贫困户的建议，优化了包装效果，产值收入增加了10倍。2015年，贫困户研发的新型服装款式达到了100多个，开发的新网销产品达到9个，这些新产品在销售过程中取得了良好的效益，有力地增加了相关从业人员特别是贫困从业人员的收入。

四 文化传统优势

光山是宋代著名政治家、史学家和文学家司马光的出生地，"司马光砸缸"的故事在中国大地广为传播，而司马光故居和司马光砸缸地点都在光山，因此，光山县十二次党代会提出的全面建设"中国智慧之乡"的奋斗目标，是县委在广泛征求各级各部门以及社会各界意见、建议的基础上提出的。司马光砸缸体现出司马光的机智，更体现出他能打破常规思维，获得新的解决路径。"十三五"时期，光山县将以全面建设"中国智慧之乡"为导向，凝聚共识，协力同心，不断克服前进中的困难和挑战，为建设"五个信阳"、让中原更出彩贡献智慧和力量。

光山县是信阳市贫困人口最多的县，占全市贫困人口的 15%，在这样的贫困条件下，光山县政府打破常规的扶贫思路，通过电商扶贫来解决贫困问题，是新时代"司马光砸缸"行为。

五 电子商务与农村扶贫的融合优势

2016 年我国农村地区网络销售额达到 8945.4 亿元，增速已明显超过城市地区，随着我国精准扶贫工作进入攻坚拔寨的关键期，农村电商迎来了新的发展机遇，农村电商的飞速发展为扶贫攻坚提供了新方式，贫困地区通过电子商务获得了新的发展机遇，贫困人口脱贫增收有了新途径。

电子商务作为新兴业态，运用于扶贫开发领域，与传统扶贫模式相比，具有很强的优势，主要体现在以下几个方面：一是进入门槛低，容易被学会，男女老少都能做。传统的扶贫模式，不管是产业扶贫，还是就业扶贫，都对扶贫对象的身体条件、劳动能力、资金实力有较高的要求，而贫困人口恰恰最缺的就是这些。电子商务号称"一根网线、一台电脑"走天下，对年龄大小、身体条件、资金实力的要求并不高，非常适合贫困人口从事。二是致富机会多，坐在家里联结天下，容易从网络销售中赢得商机。光山以前是个劳务输出大县，很多人都在从事底层的苦力活，劳动产出少、工资报酬低，每年扣除过年过节来回的车费后，所剩无几。互联网具有信息量大、覆盖面广、传播速度快、效率高等诸多优势，从事电子商务，相对传统行业能够获得更多的成功机会。三是产品溢价高，成本大幅度下降，而附加产值可翻几番。电子商务的发展，不仅打通了农产品进城的最后一公里，让许多"养在深闺人未识"的农村土特产品得到了城市消费群体的追捧，同时也大大提升了农产品的附加值，直接增加了农民收入。

电商扶贫作为新时期"智慧扶贫"的鲜明体现，为贫困地区经济发展和精准扶贫提供了新途径，提升了市场机制的益贫性，推动了经济社会的包容性发展。在互联网经济的大环境下，农村电商扶贫过程中，原本分散独立的政府、企业、公众被纳入一个统一的互相影响、互相依存的生态链中，形成了一个资源共享、协同共进的地区发展系统，突破本地资源、本地市场的限制，促进社会公平持续地发展。电子商务对贫困地区不再仅仅是一种新的技术，更涉及对地区经济发展、扶贫开发事业有深刻影响的战略。要进一步增强电商扶贫的溢出效应。

第三节　光山县电商扶贫的主要实践

光山电商扶贫取得了良好效果。全县已开设网上店铺一万多家，在238个村建立"农村淘宝"服务点，网销各类产品100多种，带动7300多贫困人口就业脱贫，2015年光山县网销收入超过20亿元，被评为全国"电商扶贫十佳县"。2015年10月16日，在人民大会堂举行的"2015减贫与发展高层论坛"上，光山代表作为电商扶贫先进县（区）的唯一代表做典型经验介绍。与全国闻名的农村淘宝"沙集模式"不同，光山县电商的发展并不是自下而上形成的。相反，在绝大多数农户甚至企业对电子商务还处于懵懂状态时，是县政府把电子商务这一新鲜事物推送给了农户。光山电商扶贫的主要实践如下。

一　总体规划和设计，加大宣传力度

传统的扶贫多层级治理结构下，权力掌握在政府部

门，贫困治理信息、资源均自上而下传递，不仅容易造成资源分配不公，更极易滋生寻租腐败行为，而在电商扶贫中通过引入电子商务市场机制，将政府由全能的公共产品提供者转变为社会治理的制度保障服务者与引导者，治理规则更加强调参与、公开与透明，极大地提高了扶贫效率，因此光山县抢抓当前"互联网＋"时代给产业发展带来的新机遇，大胆探索"电商＋扶贫"模式。

光山坚持扶持规划先行，出台并贯彻落实《财政部商务部中央专项资金使用拨付办法》、《关于加快电子商务发展的实施意见》、《光山县电子商务发展优惠政策十条》、《光山县政银合作建立支持电商发展融资平台的意见》，明确产业发展目标。制定电商发展五年行动计划，出台《支持加快电子商务发展的意见》、《羽绒产业助推贫困人口脱贫计划（2016-2018）》、《"电商＋扶贫"工作实施方案》等文件，做好顶层设计，从政策、机制、规划、制度层面保证电子商务进农村工作的顺利推进，为推进电子商务发展提供政策支持。

光山县积极营造氛围，让更多的市场主体了解和认识到发展电子商务的必要性和可行性，充分调动其积极性，让其产生发展电子商务的强烈愿望和需求。加大宣传力度，借助国家、省、市、县主流媒体大力宣传报道光山电商，有效激发广大贫困户了解电子商务、参与电子商务的热情。同时，借助光绒论坛、光山微生活等社会媒体多角度、多层次广泛深入宣传报道光山"电商＋扶贫"模式。

2015 年初，光山成功竞得商务部、财政部电子商务进农村综合示范县项目，成为首批 56 个示范市县之一，获得中央财政支持 2000 万元，为加快推进产业扶贫注入了强劲动力。2016 年 5 月，第三届中国县域电子商务峰会在山东寿光举行，阿里研究院发布《2015 年中国县域电子商务报告》，光山入选 2015 年电商扶贫十佳县。2016 年 6 月，中央电视台《焦点访谈》栏目播出了《国家人权行动计划全面落实》，光山作为电商扶贫先进典型县受到央视关注。节目中介绍了光山羽绒产业在面临发展困境时，政府通过多种方式培训农民走电商途径，不仅为羽绒服打开销路，也带动当地多种特色产品销售。

二 完善配套设施，优化电商运营环境

农村电商要发展，首先要做的是改善农村电商环境。这里所说的电商环境主要是指基础环境，包括网络设施和物流通道。随着近年来从中央到地方各级政府对农村地区网络通信和道路交通的投入力度不断加大，以及物流企业的业务不断向农村地区扩展，农村地区的网络设施、道路交通和物流都有了大幅改善，但贫困地区与全国平均水平比还有较大差距。因此，目前大部分农村贫困地区要发展电子商务，首先要解决的难题还是网络基础设施和物流基础设施问题。光山积极完善发展电商所需的配套设施，全力优化电商运营环境。

一是网络基础设施建设。为加快农村网络基础设施建设步伐，光山县积极与电信、移动、联通三大运营商对

接，加快农村网络覆盖进程。截至目前，投入 4100 万元，加快信息基础设施建设，实现 100M 光纤宽带通达所有自然村组，推动 IPTV 进村入户。新建 4G 基站 51 个，4G 移动互联网新增覆盖 55 个贫困村，基本实现 4G 网络覆盖所有贫困村。同时，2017 年 4 月，光山移动通信公司对所帮扶的罗陈乡罗陈村 166 户贫困户开展了免费赠送手机活动，每户赠送适用的 4G 手机一部，结合已覆盖的 4G 网络，满足贫困户通话和上网的多样化需求，用实际行动为帮扶村的扶贫先扶志活动提供了实时信息交流保障，充分发挥信息扶贫优势。

二是物流基础设施建设。为有效解决农村物流"最后一公里"问题，光山充分整合村级活动场所、村卫生室、农村超市、"万村千乡农家店"等现有场所资源，建设村级服务网点，鼓励支持邮政速递、顺丰、圆通、韵达等物流快递企业与区域内超市、便利店、农产品直销店等探索建立合作经营机制，加快形成电子商务、物流快递、实体门店"三位一体"的联动发展模式。

三　举办电商培训班，拓展培训广度和深度

人才，是贫困地区产业发展的另一大制约因素。随着越来越多的青壮年劳动力外出务工，贫困地区不仅缺少各种高端人才，也相对缺少普通劳动力。当然，随着农村地区经济的发展，也有越来越多的外出务工人员选择回乡发展，这些返乡人员往往会带回来新技术和新思路，甚至是

资金，将会是推动地区经济发展的一股强大的新动力。从企业服务的角度来看，政府需要做的是帮助企业实现对人才的招揽。一方面，政府应着力于加强企业人才需求与求职者的需求之间的对接，如引导企业利用各种平台发布招聘信息；另一方面，政府还应当为企业招聘的人才提供各种服务。

加大电子商务培训力度，大规模培养人才。光山县领导在发展电子商务之初，就意识到培训的重要性，并提出"高标准、高质量、办成精品"的目标。县政府给予大力支持，不仅在电子商务创业孵化园建设电商培训中心，还免费举办培训班。为了培养农民电子商务意识和应用能力，加快农民脱贫致富步伐，培训中心优先吸纳贫困户学员。目前，电子商务创业培训已经是光山县的一个特有品牌，前来培训的不仅有本县的居民，还有周边市县的人员。为了鼓励贫困户参加电子商务培训，为在电商培训班学习者报销往返车票，还向其提供免费午餐。电商培训内容包括"理论＋实操"两部分，培训师资来自专业的淘宝大学讲师团队。大部分学员实现毕业即创业成功的目标。学习期间，除了理论和实操教学外，还为学员提供完整电商产业链的资源支持。从 2014 年 3 月至 2017 年底，光山已免费培训 12000 多名电商人才，90% 的学员都开了网店。此外，适应电子商务配套服务的需求，光山县还开设电商产业配套培训班，打造各类电商人才，如视觉培训班、客服培训班、产品开发班、物流仓储配送班等，累计举办各类培训班 89 期，为电商扶贫提供了人才支撑。

电子商务人才匮乏是我国农村电商发展普遍面临的问题，制约电商深入发展。电商人才培训是一项系统工程，需要政府的制度保障和资金投入，更需要政府、企业、相关机构协力推进，逐步建立本地化的电商人才培养体系。光山电商培训目前已经形成成熟的"理论＋实操"实战教学模式，电商培训中心师资（淘宝大学讲师团队）及硬件条件都按照高标准配置。大部分学员实现毕业即创业成功的目标。具体来说，光山县电商扶贫举措主要包括：一是加强师资力量，由强化班资深老师授课，确保授课质量；二是加大硬件投入，学习与实操相结合。培训班购置了50台笔记本电脑，确保一人一机，边学习边动手实操，入班即开始筹建自己的网店，毕业后网店建好能初步运营；三是提供相关资源支持，请来工商质监等职能部门、邮储银行等金融部门、电信运营商等网络支持部门讲解营业执照办理、授信贷款、宽带安装等相关程序；四是提供全产业链资源支持，方便学员有产品可卖，组织了近百家服装供货商在园区设立展示厅，展示了2016年春夏服装新品700多件，为学员开店提供了丰富的货源选择和产品支持。组织已进驻光山县的40多家物流企业与学员对接，为学员开店提供优惠价格，降低物流成本；五是为学员提供生活便利，因学员都来自乡（镇）贫困人口家庭，距离县城较远，为方便学员学习，中午免费为全体学员提供午饭。

截至目前，光山县第一期电商培训贫困人口班所有学员实现了毕业即脱贫的目标，光山电商培训班现已享有一定知名度，被河南省内多家主流媒体报道，取得了良好的社会效果，助推脱贫攻坚成效明显。光山县通过电商解决了农副产品的销售问题，也让脱贫加了速。

光山的电商培训班主要有三种类型：网店班、电商产业配套班以及电商创业班，均取得了良好的扶贫效果。一是直接让贫困户学会销售农产品的网店培训班。光山县贫困人口网店培训班已举办14期，累计培训学员700人，90%的学员都开了网店，月收入人均达到1500元以上。二是根据实际需求开设电商产业配套培训班，打造各类电商人才，助推电商扶贫。如视觉培训班、客服培训班、产品开发班、物流仓储配送班等，累计举办各类培训班89期，培训各类电商扶贫人才12000多人，为电商扶贫提供了有力的人才支撑。三是举办各类电商创业班、电商残疾人班、

图4-1　光山县电子商务培训中心

各级电商干部班、返乡农民工电商培训班、各类合作社电商主体班、羽绒转型电商班等，帮贫困户脱贫，助推扶贫攻坚。

第一期贫困班学员陈良恩，通过一个月的电商专业培训以及后期的短期培训，回到凉亭乡凉亭村开起了网店，年销售茶叶 7000 多斤，收入 20 多万元。现在又带领本村 5 户贫困户也开起了网店，主销茶叶，不仅自己致富了还帮助乡亲脱了贫。

"赢得每一位顾客的信任，是开好淘宝店铺的关键！"孙铁铺镇郑堂村 29 岁的农家姑娘邹金津参加了第五期电商扶贫培训班，始终把阿里巴巴授课老师的这句话记在心上。邹金津是光山县建档立卡贫困人口中的一员。在外打工的嫂子不幸患上了白血病，使本就经济困难的家庭雪上加霜。已经出嫁的邹金津心疼父母，在老公的支持下，带着女儿住回了娘家，她决心与亲人一起抗击贫困。在县里促进电商发展政策的扶持下，她在淘宝网上开了家"敖宝宝农家小铺"，在网上售卖光山土特产品，生意渐入佳境。光山县通过电子商务平台帮有知识有文化的贫困户织"网"触"电"，促进电商与扶贫联姻结缘。这样的一触即"发"，让光山县找到了脱贫奔小康的新路径。像邹金津这样"触网脱贫"的人在光山县越来越多。

四　完善电商扶贫产业链条，构建地方特色产业群

地域特色优势产业是受一个地区特定的区位环境与自

图4-2　光山县电子商务实训基地

图4-3　光山县电子商务培训班

然资源影响所形成的具有较强比较优势和竞争优势的产业或产业群。鼓励和支持贫困地区大力发展特色优势产业，是我国促进贫困地区发展、贫困人口脱贫的一条基本路径。电商扶贫作为"互联网＋"时代的新兴扶贫模式，需要通过与实体经济的高度融合才能显现其扶贫的高效能，发展地域特色农产品电子商务就是贫困地区在全国大市场上摸索出的一条突破之路。"互联网＋特色优势产业"发展模式在浙江临安、河北清河都获得了巨大的成功，形成了从"一品（地标产品）"到"一带"（特色产业带）再到"一生态"（县域电商生态圈）的发展格局，不仅促进了农民增收、农业增长、地区新经济的转型，更打造了区域公共品牌的社会影响力。以电商推进地域特色优势产业开发，促进产业规模化生产、标准化加工、品牌化营销，提高产品价格、增加产品附加值，可促进地域、相关企业与农户的互利共赢。

光山县积极推动电商与本地传统行业相结合，特别是羽绒产业，在引入电商平台这一有力手段之后，光山县成立了羽绒产业集聚区，并在2015年9月建立了全县统一的羽绒服装网络订制平台，统一形象、标准、材料供应、售后服务、使用商标等，通过奖励网销产品研发、设立网销产品开发基金等方式，每年投入财政资金100万元研发羽绒服新品百余款，并无偿提供给从事羽绒服装生产和线上销售的贫困户；以实施"科技研发、品牌建设、规模加工、人才培养、金融支持、电子商务"六大工程为抓手，推动羽绒产业转型升级、做大做强。截至2016年底，光山县共有规模羽绒企业62家，羽绒材料大市场经营户500余家，羽绒电商5000余家，现场订制户达一万余家，羽绒行业从业者达15万人，年总产值突破70亿元。光山县已成为全国著名的羽绒材料集散地、羽绒服装加工基地、羽绒制品销售中心。光山县羽绒产业集聚区于2016年底成功入选河南百亿产业集群 30 强。光山县通过电商平台推动传统产业转型升级，完善电商扶贫产业链条建设，主要做法如下。

一是选准扶贫产业，发展羽绒电商。羽绒产业是光山县的传统产业，在全国 2800 多个县区中创造了单一从业人员数量、生产规模、缝纫机保有量等多个第一。为充分做大做强羽绒主导产业，发挥产业扶贫的作用，光山县委、县政府审时度势，借助"互联网＋"，探索实践"电商＋扶贫"模式。成立由县委书记任政委，县长任指挥长的电商扶贫领导机构，下设电商发展办公室，由一名副县级干部负责统筹协调羽绒产业及电商发展规划、招商引资、项目入驻、产业政策等。各乡镇、村（社区）成立相应组织，形成上下一盘棋、齐抓共管、全民参与的电商发展氛围。把电子商务纳入"十三五"规划，制订了未来 5 年电商发展行动计划，出台《光山县支持加快电子商务发展的意见》、《光山县羽绒产业助推贫困人口脱贫计划（2016-2018）》等 5 个文件，为电子商务发展提供政策支持。

二是要推动转型升级，创造自主品牌。始终把开发网络产品、丰富网销货源作为电商扶贫的核心来抓，着力开发和打造全国县域电商品牌。推动羽绒服装转型升级。2015 年 9 月起，县委、县政府探索建立全县统一的羽绒服装网络订制平台，统一形象、标准、材料供应、售后服务、使用商标等，推动全县 1.2 万家充绒户转型升级。奖励网销产品研发。设立网销产品开发基金，每年投入财政资金 100 万元，建立网销产品开发奖补制度。推动农副"十宝"产品上线。2016 年 1 月 27 日，在全县启动了农村电商扶贫暨农副产品"十宝"上线仪式，形成"电商 + 扶贫"新的结合点。同时，政府主导进行 100 款羽绒服的开发设计，解决企业设计资源紧缺问题，并引入广州十三行等服装企业，解决羽绒服的淡季问题，为网商提供四季货源，引入摄影、计算机软硬件开发、代运营等服务商，为企业和个体创业者提供电子商务服务。

三是要政府搭建平台，培养电商人才。把人才培养作为电商扶贫的基础工程来抓，确定每月 1 日为光山电商发展例会日，由县主要领导主持会议，28 日为电商论坛日，讨论解决问题；建立电商培训基地和实训基地，常年从农村特别是贫困乡村招收返乡务工人员、大学生创业人员；聘请国内知名教授及电商运营专家到场宣讲，现场答疑解惑。

四是要借助项目优势，拓宽电商渠道。引导和帮助寒羽尚公司将加工基地从江苏迁回光山，新创 300 多个就业岗位，为羽绒电商提供了 30 多万件网销产品；积极帮助东圆利昇公司组建东园聚神电商平台，入驻了圆通和全峰两家快递公司以及 30 多家羽绒电商；建成光山县电子商务创业孵化园，2015 年初，成功竞得首批电子商务进农村综合示范县项目，获得中央财政支持 2000 万元；与省保税中心区保税国际企业正式签约，建成进口商品直营中心体验店 2 家；与苏宁易购成功签约，加入"往来云商 100 县联盟"，目前，有 30 多个国家 4000 余种商品汇聚光山，实现了商品的"买全球·卖全球"目标。2015 年 8 月，引进阿里农村淘宝项目，全县首批 10 个乡镇 50 个村点同时开业。

随着国内消费升级，借助互联网转型，继续保持了光山羽绒服装发展的强劲势头，首先实现了销售渠道的转型，销售由线下向线上转型，市场拓展由国内向国际市场转型。过去光山羽绒服装只销往全国市场，除海南外，全国各地都有光山羽绒人销售服装的身影，而现在已销往全世界 80 多个国家。其次，是实现品质转型，从低端向中高端转型。最后，是实现生产方式的全面转型，由小作坊向规模化加工转型。同时，农副产品也由分散向集中、由低质向品牌、由小区域向大市场、由低端向高端发展。旅游产品、工艺品等都实现了全面转型。在各种转型升级的过程中，贫困人口尽享转型成果，实现了提质增效、增收致富。

在大力发展羽绒产业的同时，光山县的油茶、茶叶以及苗木花卉等方面与电商结合后也发展迅猛。除此之外，农副产品的上线也成绩斐然，光山县自主开发的本地农副产品"光山十宝"（砖桥月饼、鸡公潭糍粑、黑猪腊肉、咸麻鸭蛋、青虾、茶油、油挂面、甜米酒、红薯粉条和"观五玫"鲜桃，）已统一品牌、包装、供货，线上销售增长迅速。

电商推动光山传统产业转型发展，促进电商扶贫产业链条的建立和完善。产业链建立后，将企业、农业合作社、政府、网络平台与贫苦居民有效地连接起来，一方面增强了贫困地区的经济发展潜能与动力，使得贫困地区的产品更加丰富，从而掌握了一定的市场发言权；另一方面，使得贫困群体不再单独面对市场，承担市场波动带来的风险，降低了由市场风险所可能产生的返贫可能性，在很大程度上增强了脱贫的能力。

五 利用电子商务促进就业和创业，助力精准扶贫

我国现行的扶贫方式主要包括救济式扶贫和开发式扶贫，前者治标不治本，只能保障贫困人口的基本生活需要，后者又往往与市场脱节，陷入"卖难"的境地。光山县积极贯彻精准扶贫战略，利用电商吸纳农村剩余劳动力，鼓励贫困农民就业创业。让各类电商企业带贫是电商扶贫的最直接最有效的方式，帮助一人就业创业，消贫一户。主要做法如下。

一是网店企业吸纳就业，全县电商网店达到15000家以上，庞大的电商体量，需要大量的客服人员和仓储配送人员，为此，电商协会牵头组织贫困人口招募活动6场，累计招募贫困人口678人到网店就业，人均月收入达到2000元以上，贫困人口一旦就业，全家即实现了脱贫。另外是物流企业吸纳就业，这类企业也是解决贫困人口就业问题的主力。只要身体好、会识字，即可就业，全县49家物流公司帮助贫困人口就业245人。

二是依托电商平台为贫困户创造就业机会。我国的城镇化建设对农村劳动力的吸引无疑是巨大的，留守妇女在

农村占据越来越高的比例。光山县依托电商平台，积极开展"巧媳妇"精准扶贫的工作，对扶贫工作起到了很大的促进作用。2016年5月数据显示，当地企业世旺生态庄园以餐饮、果木修剪、畜禽养殖等工种为载体，带动椿树岗村200余名贫困留守妇女就业；"巧媳妇"工程先后在罗陈乡周湾村、弦山街道办事处、马贩镇锡山村、白雀园镇建立加工基地（站点），培训贫困留守妇女400余人，近50%的妇女已熟练掌握服装裁剪技能，月收入可达2000元左右。未来，"巧媳妇+生态农业"、"巧媳妇+服装裁剪"、"巧媳妇+油茶育苗"、"巧媳妇+羽绒电商"，将成为光山县精准脱贫的有力推手。

三是生产加工企业吸纳就业，全县1.2万家小微企业也解决了大量贫困人口就业问题。另外，各类企业吸纳就业、服务于吸纳就业，也解决了相当数量的贫困人口就业问题，实现了部分贫困人口的脱贫。文殊乡金合欢合作社、方洼村和净居寺风景名胜区创新出"房前屋后一亩茶、一塘肥鱼一群鸭"的脱贫方式，将茶叶、地方特产、羽绒行业有效结合，有效实现精准脱贫。目前，光山县的农村淘宝已经覆盖238个村，实现106个贫困村全覆盖，60多个贫困人员成为农村淘宝服务站负责人，月均收入达2000元左右。光山县孙铁铺镇郑堂村的贫困户邹金津通过开网店卖当地的挂面、酸豆角、豆腐皮等特产，月均收入约1500元。

四是对特殊贫困户进行精准帮扶，不让一个贫困户掉队。因病致贫、因残致贫是扶贫工作中不可回避的难点，光山县脑瘫患者孙雅莉成为贫困人口脱贫的榜样。出生时缺氧造成的脑瘫使得孙雅莉语言和行动都有障碍，她的老公也同样身患残疾，外出打工也无法给家庭带来更多收入。在 2015 年得到阿里巴巴团队免费培训成为"淘帮手"之后，"何寨村农村淘宝服务站"成为孙雅莉的新家。曾经全村最穷的孙雅莉现在已经可以得到每月一千多元的收入。另一位腿部有残疾的贫困户胡强经过电商培训班的学习之后，利用当地齐全的羽绒产业链条，开起了淘宝店，成为羽绒生产者和网购人员的联系人，足不出户把商品销往全国。近两年，有 5000 多名贫困人员通过电商培训，开设了自己的网店或在电商、物流等企业工作，实现脱贫。

六　鼓励兴办中小微企业，带动村民脱贫致富

电商扶贫作为信息扶贫的新形式，大大拉近了农业生产与市场需求的距离，农民获得了空前的市场激励，农业生产积极性得到有效提升。政府在电商扶贫过程中积极为农民参与电商创造条件，加强信息、物流等基础设施建设，并着力加大电商人才培训力度，建立起完善的电商人才培养体系，积极为农民发展电商赋能。电商扶贫作为一种综合性、平台化的扶贫方式，其价值并不局限于扶贫，电子商务这种信息化、集约化的方式深刻改变了贫困地区的自然资源、通信网络、物流运输、产业结构、地域品牌的开发利用格局。电商扶贫的开放性特征将更多的贫困人

口变为市场的主体，将更多的产业拉入"互联网+"的发展轨道中。

农村电商的发展除了有利于升级农村消费市场之外，更可全面促进农村经济发展。根据电子商务的特性可知，电子商务的发展最终会促使市场容量增大，刺激市场衍生出更多需求，带动一批相关小微企业，拉动产业经济的发展。

建设电子商务孵化园，形成"双创"园区。为了更好地支持电商发展，光山县政府专门利用公租房配套设施，改造建设了一个现代化的大型电子商务创业孵化园，为全县电商发展提供基础的公共支撑服务，成为电子商务创业就业的平台。光山县电子商务孵化园占地面积200亩，2015年5月开始投入运营，是全县电商的公共服务中心，目前已入驻阿里巴巴农村淘宝等各类电商企业、电商服务企业79家。电子商务孵化园设有电商培训区、电商运营区、产品研发区、产品展示区、仓储物流区、跨境电商创客中心、视觉拍摄中心、客服运营中心等，旨在服务全县电商发展、助力脱贫。

光山县鼓励兴办各类小微企业，丰富网货品类，严控网货品质，保障充足货源。光山是"信阳毛尖"的主产区，茶园面积26万亩，按照网销产品的特点，兴办各类绿茶加工微企20家，年产干茶500万斤，为线上网销茶叶提供了充足的货源。按照小而美、个性化需求、差异化销售等特性，全县升级改造各类羽绒服装加工企业300家，男装、女装、童装，各个品类，各种款式应有尽有，产品品种丰富，数量巨大，较好地支撑了电商扶贫。

"文之勋"月饼加工基地、黑猪腊肉加工基地、"鸡公潭"糍粑加工基地、咸麻鸭蛋加工基地、红薯粉条加工基地等"光山十宝"基地建成投产，产量均以几何级的速度增长，价值均提高了5~10倍，为电商扶贫带来巨大成效。更重要的是"光山十宝"，已显现光山农业发展的优势，以"光山十宝"为龙头的农业产业化正在形成，10亿级、50亿级、100亿级的农业巨型产业已显雏形。小食品加工企业、淘宝供货企业快速成长，已成为电商扶贫的坚强后盾。

光山县规范乡村服务网点运营。引导电商平台按"一村一品"原则深入乡村设立电商服务网点，鼓励有条件的农村传统商业企业和网点进行电子商务功能改造，已建立238个农村淘宝服务站，覆盖了全部106个贫困村。电商网店成为新的生产消费枢纽，受到了广大农村居民的普遍欢迎。

重点放在农产品电子商务营销上，以推动农民增收。组织开展丰富多彩的营销活动，先后举办了西瓜节、葡萄节、跑山鸡进城节等线上促销活动，均取得了良好的成绩。在推动农产品上线的同时，各村网店都配有2000多种日常消费品如农资农具、冰箱、电视、服装品类等，方便周边群众线上和线下采购，让农民也能高效、快捷、方便、低成本地购置生产、生活用品。网络购物也解决了农民买难问题，降低了农民生活成本。淘宝服务站还负责送货到各家各户，解决最后一公里问题，方便空巢老人和孩子的购物。如果买的货物不合适，淘宝店还负责调换和退货。

目前，光山县一半以上交易量是村民自主下单，村交易每月平均 1.2 万单，每月服务村民 4000 人次，近 30 个村小二人均月收入 3000 元，月均交易额 160 万元。

"一台电脑一根线，连接山外大世界，不下力气不流汗，鼠标一点把钱赚。"这是光山县南向店乡金庄村村民胡祥对开淘宝网店的体会。他在南京开淘宝网店已有一年多了，积累了不少经验，专门对城里居民和农村居民生活需求做了市场调查，他说城里人急需农村生产的天然绿色食品，如不打农药的新鲜瓜果蔬菜、大米等，而农村居民大多购买价格低廉的衣物、电器、日用品等，如果把网店开到农村，专门在网上销售天然绿色农产品和土特产品，利润很大，生意非常好做。听说当地政府招募"农村淘宝"合伙人，特地赶回来报名参加，像胡祥这样的有志青年回来报名成为"农村淘宝"合伙人的为数不少。该乡认真按照上级的要求，抓住机遇，因势利导，利用有淘宝经验的人现身说法，加大宣传力度。通过会议、电视、标语、手机等，大力宣传招募"农村淘宝"合伙人的意义和目的，营造有志青年加入"农村淘宝"合伙人群体的氛围，扎扎实实做好"农村淘宝"合伙人招募工作。

七 "电商＋贫困户＋服务商"，新组合激发脱贫活力

探索无止境，脱贫正当时。随着河南省脱贫攻坚战的

进一步深入，随着电商扶贫的进一步开展，光山县又探索出了一条扶贫攻坚的新路子，打出了"电商＋贫困户＋服务商"的扶贫组合拳。

小"网店"里有大文章。"电商＋贫困户＋服务商"新模式里的电商，可以简单地理解为"网店"。但这个"网店"不只是一个线上纯"网店"，而是植入商超功能，配有日用消费商品近2000种，方便群众立购立配，是大大便利群众生活的一个新平台。

这种新平台的优势是农民可以在线下直接购物，并通过电信运营商的"翼支付"扫码，实现立减优惠，每次优惠5~25元不等。通过电信补贴支持，贫困户能够节约购物成本，尤其是每个月的6个固定日，立减优惠更多，倍受农民朋友欢迎。如果线下商超缺少货品，还可以在"网店"上选货。例如，农资农具、冰箱、电视、服装品类等，小"网店"让群众真正感受到了"新零售"带来的便利。

打通双向流通渠道。"＋贫困户"即以村为单位，将所有贫困户捆绑在一起组建产业发展合作社，直接对接"网店"。其作用，一是通过线上线下在"网店"购物；二是通过网店销售农副产品，可线上销售，也可线下销售，形成闭环，实现双向回流，线上可卖向全国乃至全球，线下可以实现"点与点"之间的互为调剂补充；三是实现了贫困户产业发展的定向化、规模化、品牌化，使其顺利对接市场。

光山县晏河乡晏河村贫困户共130户527人。村里建立贫困户产业合作社后，按照"网店"的年销售计划，2017 年，要求贫困户分散养殖跑山鸡 5000 只，按每只 50 元的价格回收，年收入可达 25 万元；散养豫南黑猪 100 头，每头猪按 3200 元价格回收，年收入 32 万元；传统工艺打制糍粑 5 万斤，年可收入 75 万元；茶叶、土鸡蛋收入 20 万元。仅仅依靠确定的这 5 款主打产品，贫困户年总收入就可以达到 152 万元，户均收入约 11700 多元，人均收入约 2657 元。这样一来，就可以为贫困人口脱贫提供坚实的产业支撑。

同时，光山县在实施"电商＋贫困户＋服务商"的扶贫模式中，根据不同村的产业发展情况，确定了贫困村的产业发展模式是"一村一品"或"一村多品"，使贫困户产业发展更市场化，更具竞争力。

保障电商扶贫的生命力。"＋服务商"的目的，在于克服"村淘"布点的弊端，即防止以一家公司为主体，单打独斗闯市场。光山县在贫困村建"网店"，一律实行将平台企业、邮政企业、电信运营商、物流企业、农副产品协会、商超企业、电商办等企业单位打捆入村入点，这样就形成了多功能植入、多资源整合、多效用发挥的效果，使网店充满活力，网店开业当月即可收入 5000 元以上，大大激发了网店服务贫困户的积极性。

在网店里，平台企业提供网上购物的渠道；邮政企业负责办理银行卡、发放扶贫贴息贷款；电信运营商负责免费发放手机和翼支付使用推广；商超企业负责消费品的配送和供应；农副产品协会负责各种线上线下销售的农副产品包装及产品开发上线指导；信用联社负责植入金融存取设备，便于贫困户存取款；县电商办负责农民应用手机培训，使贫困户学网、懂网、用网。各企业单位既发挥了各自优势，又相互协调推进，可以说"＋服务商"的模式，整合了优势资源，保障了电商扶贫的生命力。

光山县"电商＋贫困户＋服务商"扶贫模式的探索实践，激活了贫困村、贫困人口利用产业发展脱贫的活力。由于打通了双向流通渠道，贫困户的"买难、卖难"问题迎刃而解，实现了增收不再难，老百姓也真正实现了家门口的购物便利化；网店收益有保障，以及有多个服务商的植入，各种要素相互配合，互为支撑，网店的参与积极性得到了提高，网店成为村级经济发展的综合体。"电商＋贫困户＋服务商"的新模式也必将成为乡村经济发展的发动机和脱贫攻坚的火车头。

八　发展跨境电商，引领发展新业态

随着经济全球化进程的不断加快，不断拓展海外贸易渠道，与国际接轨、与世界大都市融合发展，已成为中国电商产业发展的大势所趋。光山县积极与跨境电商平台合作，建立100人的跨境电商团队，利用邮政物流优势，率先将光山羽绒服装远销国外，打破羽绒服行业淡旺季的季节性需求不一局面，"变卖一季为四季卖"。仅仅半年时间，光山县羽绒服产品已经销往全球五十多个国家和地区。光山县的具体做法如下。

一是举办专门的跨境电商培训班。与传统电商针对国内买家不同，跨境电商针对国际买家，需要接受专业化培训。光山于2016年5月举办了首期跨境电商培训班。聘请国内知名资深跨境电商培训机构吉茂学校团队承担培训任务，从有一定基础的电商从业企业和个人中挑选学员，免费学习。经过一个月的学习，所有学员顺利毕业，实现了光山县跨境电商启蒙和氛围营造的目标。

二是设立光山县跨境电商创客中心，为从事跨境电商的创业者提供基础运营条件。光山电商办从首期跨境电商培训班毕业学员中挑选20余人，支持他们组建了6个团队，在光山县电子商务创业孵化园设立跨境电商创客中心，中心设置24个创客空间，高标准配置电脑桌椅及网线，供入驻创客免费使用。目前创客已全部入驻，集中办公运营。

三是加强指导，提供技术支持。组织邮政公司邮政小包负责人及跨境电商工作开展得较好的电商公司负责人等定期到创客中心指导支持，并聘请英语专业人员提供语言帮助，同时要求电商培训中心老师每天到创客中心帮助解决创客实战中遇到的困难，让每位创客在遇到货品挑选、商品上架、店铺装修、跨境物流、汇率设置、海外商品销售规则等方面的具体问题时都有人员指导，为创客运营跨境电商提供了"保姆式的服务"，确保了入驻创客们顺利开展业务。

2016年8月30日，随着入驻跨境电商创客中心的戴艳发往俄罗斯客户以及陈良玲发给智利客户订单的开出，光山刚刚筹建20天的跨境电商创客中心的创客们实现了跨境网上销售零的突破，这也标志着光山跨境电商创业孵化园区的跨境电商正式起步。

2016年9月入驻电商创客中心的张虹是中心业绩最好的，开店刚3个月销售额就达3000多美元，光山县授予她"电子商务创新奖"。2017年尚未结束，她的店铺销售业绩即突破10万美金大关。"我们店铺的棉服、羽绒服样式新、质量好，价钱还公道，很受欧美、俄罗斯顾客欢迎，再加上如今物流通过郑州航空港大大提速，已经有20多个国家的顾客在我的店里买过衣服了。"张虹爽朗地介绍说，"前不久报名参加了平台的'双十一'促销活动，这几天店铺成交量虽有所下降，但正好可以准备充足的货源。预计到年底，再卖5万美金，一点问题都没有"。

2016年1月6日，伴随郑州跨境电子商务综合试验区获批设立，通过郑州航空港融入全球物流快捷通道后，光山跨境电商将迎来辉煌的明天。截止到2017年11月，光山县跨境电商创客中心创办仅一年有余，就开店20多家，累计销售2.2万单，总销售额已经超过60万美元。

九 积极完善物流配套，服务电商产业崛起

电商大大方便了人们的信息沟通，但其核心还是商品的交换。光山县电子商务服务业建设同样取得了重大进展，形成了良性互动的电子商务服务业生态。

为了客户的需要，把商品从产销地运送到消费地，中

间会经历商品的包装、存储、质检、运输即物流。所以，物流是电商发展的重要基础设施，也是电商能够发展的关键。当前我国物流仓储行业的蓬勃发展是电商经济繁荣的直接体现。据统计，2016年我国快递业年收入近4000亿元，业务量达到313亿件，近5年的年均订单量增长在50%左右，位居世界第一。随着电商企业开拓农村市场、农村道路交通等物流设施的完善、快递下乡工程的实施，农村地区物流业急速发展。对于大多数贫困县来说，物流是其电商发展尤其是农村电商发展初期面临的最大障碍。光山着重建设物流服务体系，目前已经吸引47家物流快递企业、20多家电商服务企业，以及200多家生产企业和300多家供货商入驻。

近年来，光山交通基础设施发展良好。2011年至2015年，光山县城乡基础设施建设累计投资90.8亿元，全县公路总里程达到4253公里，公路密度达到232公里/百平方公里，比2010年末增长24%。光山目前有国道3条、省道6条，农村公路现有县道364.2公里、乡道794公里、村道2478.5公里。全县所有乡镇和主要集镇均通三级以上公路，所有行政村全部通水泥（油）路，县城与周边各县全部通二级以上公路。在良好交通条件的基础上，光山县大力发展现代物流业，加快物流园区建设，加强物流基础设施建设，为电商发展创造更为有利的硬件条件。

光山县在大广高速、沪陕高速交会处，规划建设面积500亩、投资5亿元的物流分拨中心，将本县45家物流企业整合到该中心，形成鄂豫皖物流分拨中心及物流仓储基地。同时，依托阿里巴巴村淘项目，吸引菜鸟物流加盟，打通"工业品下乡、农产品进城"双向通道。目前国内主流物流企业均已进驻光山县。

针对电子商务上行和下行的特点，县政府规划了农村电商的层级服务体系，推动农村电商发展。包括组织协调农副产品电商协会、农村淘宝体系、农村电商物流综合服务中心网点、电商扶贫服务中心网点。协调建立物流园，降低物流成本，破解物流瓶颈。光山县初步建成县、乡、村三级现代物流体系，乡镇快递覆盖率达100%，村级淘宝服务站快递投送实现覆盖率100%，基本实现"足不出户，上门收货，送货到家"。目前，光山县359个村已建立农村淘宝点306个，覆盖全县106个贫困村。在光山县的贫困村建"网店"，一律实行将平台企业、邮政企业、电信运营商、物流企业、农副产品协会、商超企业、电商办等企业单位打包入村入点，这样就形成了多功能植入、多资源整合、多效用发挥的效果，使网店充满活力，网店开业当月即可收入5000元以上，大大激发了网店服务贫困户的积极性。

开发司马光山商城APP，助力产品销售。为了推动已经开发的"光山十宝"及其他农特产品上线，通过大数据统计产品和市场信息，丰富平台推广渠道，县电子商务办公室牵头开发了司马光山商城APP，定位于本地特色产品的销售，增强市场快速反应能力，方便电子商务扶贫。除了具有销售功能外，该APP还整合了全县物流公司的信息，可以实现对物流信息的实时统计和跟踪，便于指导生产和营销。

图4-4　光山县电商运营中心

图4-5　光山县电子商务公共服务中心

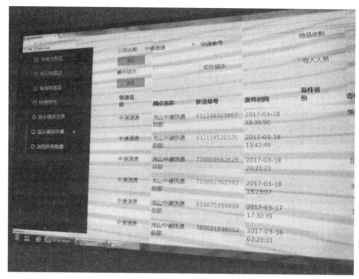

图 4-6　光山县物流数据显示大屏

十　推广扶贫新模式，推动农村与电商深度融合

光山县积极引进大型电商平台，深入推动农村发展与电商扶贫相融合。2015 年 8 月与阿里巴巴公司签约，将阿里农村淘宝项目引进光山，全县首批 10 个乡镇 50 个村点同时开业，当日有 4000 多农民实现网上购物，交易额近200 万元。在这 50 个村点中，贫困户就占了 14 个。第二批 60 个村淘服务点已启动建设，其中涉及贫困村 26 个。阿里"旺农贷"金融也在光山正式上线，光山群众将享受到阿里金融的巨大实惠。2016 年 3 月 5 日，阿里巴巴集团到光山开展定点扶贫开发工作，并与光山县人民政府签订合作协议，给予光山政策、技术、平台等全方位支持，让光山经济因电商活跃起来，让贫困群众因电商富起来。

光山支持扶贫模式创新，积极推动农村与电商深度融合。先后成立电商公社、建立电商扶贫服务中心、开展农民应用手机培训、组织农副产品进城村淘进城等。成立光山县晏河电商公社，建立微信公众号，把131户贫困户拉在一个群里，每天互动交流、互换信息。尤其是"白花女王"周福蓉这位电商公社社长，集激情、热心、爱心、乐于助人于一身，自担任贫困户增收脱贫的爱心使者以来，每天通过微商把贫困户家里的土特产卖向全国各地，不要一分钱报酬。同时将晏河村本地的鱼腥草、野芹菜、野槐花等土货，长年不断销往全国，切实帮助贫困户增收。电商扶贫服务中心是贫困户的购物中心，贫困户可以通过电信"翼支付"扫码支付，每月可以享受50元的支付优惠，所以购物者络绎不绝。这个中心既是商店，也是网店，贫困户不仅可以买到自己所需的日用快消品，也可实现网上代购、网上代缴，实现了现代农村新零售。贫困户的农特产品在中心也可以实现线上线下销售。开展农民手机应用培训，让农民懂网、学网、用网，已累计举办7期，参训人数达到600多人次，提升了贫困户互联网应用水平。晏河电商公社的社民们，自己可以网上购物、缴费充值、购票、学习，也可以网上售货，过上了与城里人一样的生活。

光山还通过互联网＋特产，举办各类特产节日如葡萄节、西瓜节、芡实节、板栗节、月饼节、糍粑节等。成立平台、搭建载体，使电商扶贫接地气、受欢迎、见实效。

十一 鼓励优秀人才返乡创业，促进家乡经济发展

市场容量小，发展水平低，这是限制贫困县域企业发展的主要原因。而从目前来看，电子商务正是解决贫困地区市场难题的最佳方法。那么帮助本地企业更好地利用电子商务实现新发展，不仅是地区经济发展的关键，也是农村电商扶贫的关键。在电子商务的推广应用方面，政府除了从整体上引导和推动之外，核心还是要为企业（包括外来企业）和个人（开展网销或其他创业的个人或团队）提供实实在在的服务。这些服务不仅包括企业相关手续的审批，还包括为企业提供各种咨询、与平台等各种资源的对接等，以及其他各种方便企业发展包括电子商务在内的各种业务的服务。目前来看，平台对接、网货对接、物流对接等服务是贫困地区企业在发展电子商务时尤其需要的。尤其是在起步阶段，政府应当积极帮助企业实现这些对接，让企业更容易地向线上发展。光山县在鼓励电子商务企业创业方面做出了良好的示范，并取得了很好的效果。

光山县通过一系列措施鼓励优秀人才回乡投资、返乡创业，促进家乡经济发展，取得了良好的效果。过去，为了打工挣钱，光山很多优秀人才背井离乡奔向大城市，小有成功后，又一批批返回故里，投身到回乡创业、带领乡亲们共同致富的热潮中。近几年，返乡光山人创办企业1600多家，投资总额 39.5 亿元，带动就业 12 万人。

2015 年，毕业于郑州大学的女大学生翁莉在父亲的支

持下创办了四万多平方米的集羽绒服装制作、销售于一体的电商创业园，同时创办圆聚神技能培训学校，为当地贫困户提供农村电商和服装裁剪培训，目前园区年生产、销售157万件羽绒服，可解决全县480多名农民就业问题，并带动52户贫困户脱贫致富。

时年35岁的向满余大学毕业后，先到福建厦门一家家具企业做销售主管，后在安徽芜湖开品牌家具专卖店。2013年8月，他回乡投资创办电子商务公司，通过"互联网+"的方式，将羽绒服销往全国各地。他还在俄罗斯著名的B2B平台TIU上开了店铺，把光山的羽绒服卖到全世界。

光山人都知道有一个羽绒服装品牌叫"寒羽尚"，创立并叫响"寒羽尚"品牌的，就是光山寒羽尚服饰有限公司总经理陈锋。说起从事羽绒服装行业的缘由，陈锋一脸坚毅。"自打记事起，奶奶瘫痪在床，爷爷年迈，父母常年在外务工。"陈锋说，从12岁起，他就开始帮父母分担照顾家庭的重担，上学之余还要照顾爷爷奶奶的日常生活。1994年，年仅16岁的陈锋跟随父亲外出开设羽绒服装订制店，与羽绒服结缘，服装课便成了他走上社会的第一课。他从裁剪学起，一丝不苟，孜孜不倦，很快成为技术娴熟的"裁缝师傅"。3年后，陈锋就离开父亲独立开店，先后把羽绒服装订制店开到新乡、山东菏泽等地。在外打拼了多年后，2010年，陈锋和4个合伙人成立了寒诗羽服饰有限公司。为了学习江苏、浙江服装生产、经营、管理的先进经验，公司成立伊始，陈锋就将生产和研发基地设在江苏常熟。通过学习积累，公司形成一套完整和成熟的经营管理模式。

"想发展好光山羽绒这个传统产业，就必须走品牌之路，光山得有自己的品牌。"陈锋坚定地说。2013年年初，陈锋与合伙人商量想把公司从江苏迁回光山，4个合伙人都不同意。家乡情结很重的陈锋，毅然决定放弃原来的品牌，成立了光山寒羽尚服饰有限公司，启动新品牌"寒羽尚"的运营。在县里的支持下，陈锋把公司的业务从原来只生产销售羽绒服"衣皮"，延伸到现在的多元化羽绒服品牌运营、电子商务在线销售、电商网销供货等，公司产值突破2亿元。

为吸引农民工回乡创业，光山县筑巢引凤，创建了羽绒企业创业中心，为入驻的小微羽绒企业免费提供厂房、办公设备，并强化政策支持和资金扶持，编制了羽绒产业发展规划，以羽绒产业为主导发展官渡河产业集聚区，大力发展羽绒产业。真诚的服务吸引大批在外从事羽绒产业的光山人回归，赵天顺就是其中的一个典型。

赵天顺在福建福州开羽绒服订制店6年，后到江西南昌与朋友合伙批发羽绒服3年。他说："家里上有老，下有小，需要照顾。正好政府出台优惠政策，就投资100多万元，开办了这个羽绒服厂，安置员工50多人。"

在外闯荡那么多年，赵天顺深知品牌的重要性。因此，他给自己生产的羽绒服注册了商标，并承诺对客户无条件退货。他的羽绒服厂订单爆满，生意兴隆，产品销到福建、浙江等地，还销往英国、俄罗斯等国家。

为鼓励成功人士回乡创业，光山县精心策划，周密部署，主动拓展服务职能，为返乡创业者提供贴身式、保姆式、个性化服务，采取自然人担保、园区担保、财产担保、公司＋农户担保等形式，形成了一整套制度保障体系。具体措施如下。

一是优先服务。所有职能部门对返乡创业人员的服务窗口前移，实施"企业服务首席代办制"，为返乡创业提供优先优质服务。

二是轻装服务。全面落实企业"宁静生产日"制度，确保企业轻装上阵，任何部门不得随意进企业"检查指导"，并在县优化办设立举报投诉热线，接受企业投诉。

三是科技服务。建立科技人员对接联系制度，为返乡创业者提供农业技术和信息咨询服务。

四是土地服务。鼓励返乡创业者利用闲置土地、厂房、校舍、农村集体经营性建设用地或农村宅基地盘整后的建设用地等，创设农民工返乡创业园。

五是资金服务。县里设立 5 亿元的中小企业发展基金，全部投向现代农业、科技创新、互联网＋、健康医疗、现代服务业、先进制造业、节能环保等领域。设立县级小微企业信贷风险补偿资金，鼓励金融机构加大对小微企业的信贷支持力度，改善小微企业特别是羽绒企业融资环境。

案例 4-1：大学生陈若晞开网店带领贫困户致富

光山县南向店乡的陈若晞，是一名 80 后女大学生。

她回到家乡，投资 17.5 万元，创办了"老陈的幸福生活"淘宝网店，通过网络直播的方式，销售毛尖茶、野生土蜂蜜、葛根粉、红薯粉条、糍粑、红薯、麻鸭蛋等土特产品。开张半年多，陈若晞的淘宝信用，从最开始的一颗红心，升级到现在的五钻；订单成绩，也达到日销 200 单左右、日营业额 1.3 万多元。她店里雇了 8 名贫困户乡民，做打包、采购、发货等工作，每月发工资 3000 元；周边乡亲们的土特产品，也搭上"老陈网店"的快车，打开了新销路。

案例 4-2："臭豆腐哥"程星罡帮家乡农民卖土鸡蛋

南向店乡的"臭豆腐哥"程星罡南在天灯村成立村淘服务站，成为光山县第一批村淘合伙人之一。2016 年 4 月，他在淘宝开了一个店铺，取名"源生态食舍"，主要销售光山县特色产品。南向店乡拥有非常丰富的土特产品资源，如黑猪肉、红薯粉条、土鸡蛋、咸鸭蛋、油条挂面、五岳鱼、臭豆腐等。经过几个月的尝试，程星罡发现过油臭豆腐最受欢迎，在网店销售得很火，仅 2 个月就销售 800 多单。这款产品不仅容易储存、适合网销，还让很多在外地的打工者想起了家乡的味道。开店一年来，程星罡的月收入稳定在 3000 多元。

程星罡积累了丰富的网店运营经验，打算帮村里的老乡卖土特产品。通过宣传，村民陆续把自己的农产品拿来让程星罡在网上销售，程星罡还特地联系本村六户贫困家庭，主推贫困户提供的产品。原先，村民要挑着土鸡蛋到集市上卖，不仅路途遥远，花费时间，每斤最多也只能买到七八块。在网上，程星罡可以帮村民卖到12元一斤，咸鸭蛋则两元一枚，收入全部归村民。南向店乡像程星罡这样的网店主还有不少，他们通过努力，把当地的土特产卖到了全国大市场，拓展了销售渠道，实现了产品的增值。据统计，全乡黑猪肉、红薯粉条、土鸡蛋、油条挂面等多项农产品已在网上销售，每月销售量近万单，月成交金额达80余万元。全乡36家农产品加工作坊受益，带动了126户贫困户增收。

图4-7　程星罡正在运营网店

案例4-3：黄鑫的村淘开业

2017年4月3日，由黄鑫承办的何畈村村淘服务站举行盛大开业庆典，正式开业运营。设立农村淘宝服务站，既可以帮助村民购买物美价廉的商品，也可以将村民家的农产品卖向全国。县乡政府给予黄鑫极大的支持，副县长邱学明参加了开业庆典，特地赶来帮黄鑫做宣传，为村民的电子商务创业加油助威。

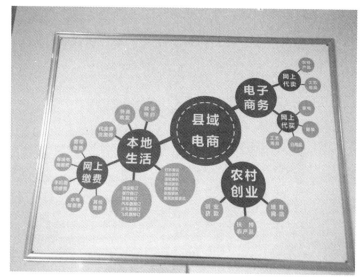

图4-8 村淘宝店业务体系

村淘站点门前像过节一样热闹，为了宣传，黄鑫邀请了秧歌队、花鼓戏表演队、歌唱队等摆台唱戏。村淘服务站的开业引起了众多村民的好奇心，纷纷打听电子商务咋回事，尝试下单的村民也熙熙攘攘。在黄鑫等的宣传和指导下，农民争相购买小型农机具、化肥、农药等春耕农资物资和粮油、零食、化妆护理等生活用品，当日订单达到273单。

图 4-9　黄鑫淘宝店开业

（黄鑫提供，2017 年 4 月）

图 4-10　在淘宝店咨询的村民

（黄鑫提供，2017 年 4 月）

十二 规划电商园区集群，以产业园区推动电商发展

光山在县城中心交通便利地区规划建设了光山电子商务产业园，并交由专业公司管理运营。光山电子商务产业园隶属于光山县东圆利昇实业有限公司。该公司是一家集棉纱加工销售、农副产品产销、户外广告设计制作发布、服装产销、百货销售等于一体的实业有限公司，新拓展的业务有羽绒服生产加工与销售，以及酒店的经营与管理。

东圆利昇公司创立于 2012 年，位于光山县官渡河产业聚集区服装产业园（工业路与三环路交会处），占地二十多亩，注册资金 500 多万元。公司下设行政部、生产部、业务部、技术部、财务部等部门。经过三年的厉兵秣马，公司打造了一支高效精干的技术管理团队，建立了全方位的营销服务体系。不仅拥有优良的产品品质，而且拥有先进的技术设备与科学的管理体系。公司秉承"合作、分享、共赢"的企业理念和"客户至上、诚信经营、规范管理、协调发展"的经营宗旨，本着"质量第一、诚实守信"的原则，坚持"专业化，精英化"人才理念，组成优秀的专业团队。公司服装生产及加工中心为公司服装产业的中坚力量，朝着发展本土服装产业的目标，与江浙一带服装公司建立了长期合作关系，该公司现已规划为年生产羽绒服 100 万件、预计年销售收入 1.5 亿元、纳税 750 万元的小型企业。

产业园主营业务有：服装、日用百货、纺织品、家用电器、农副产品网上销售，计算机软件开发、技术服务，

商务信息咨询、企业营销策划、企业形象策划服务，广告代理设计制作发布。园区积极响应政府号召，顺应潮流大力发展产业，是集电子商务基础研究、技术开发、网络营销、流通渠道等多种业务于一体的高新技术电子商务产业园。并致力于服务中小企业的电子商务技术开发和产品营销。公司凭借对电子商务概念的理解及总公司的资金技术实力，为众多产品供应商和经销商提供电子商务解决方案，为众多中小网商提供货源和代购代销服务。打通"产、供、销"及售后四大流程，为商家提供自动化和无人值守的互联网供销系统解决方案，借互联网之力，帮助商家以最小成本、最小库存、最小风险实现最大限度的推广和销售进步。

为打造符合新时代潮流的电子商务产业链，产业园规划为电商操作中心、电商培训中心、服装生产加工中心、物流配送中心、仓储中心等。电子商务操作中心已入驻商户 13 家，初具规模；电子商务培训中心为顺应时代需求，为光山县电子商务产业提供更多优质人才，现已开班授课；圆通及全峰快递已全面进入园区，强大的仓储物流体系也为园区的壮大发展提供了有力的后勤保障；服装生产加工中心配备设备近 200 套，职工近 100 人，涵盖设计、生产以及销售环节，为园区提供更为优质的货源。现园区电子商务从业人员多达 100 人。园区主营的网络销售已在"阿里巴巴"、"天猫"、"淘宝"等平台陆续上线，所代理的总公司旗下品牌女装"玖淑"、童装"糖博士"、男装"才驰"以及女装"柚惑"也已取得不错的成绩，年销售近 1000 万元。

十三　开发网销产品，增强电商发展创新活力

产品网货化是电子商务的必要条件，尤其是农产品。产品网货化并不只是指做好包装、制作图片等，更重要的是让产品更加符合各类消费者的不同要求，除了包装的大小、包装的设计之外，重点在于如何获得网络消费者的信任和认可。这可能需要建立起更具公信力、可让消费者更容易分辨优劣的质量标准。贫困地区的一大优势就在于有优质的农产品，但是由于消费者很难鉴别出农产品的好坏，因而并不愿意为此支付更高的价格，即生产者与消费者的对接就出现了问题。因此，产品网货化就需要挖掘产品的优势，告诉消费者这个产品好在哪，同时还需要建立起具有公信力的机构，帮助消费者解决产品质量分辨的难题。从包括"三品一标"在内的标准的实施效果来看，目前简单地做认证并不能很好地解决问题。而从质量安全追溯体系目前的发展来看，也还没有达到令人满意的效果。从整个社会来看，这方面仍处于探索阶段，这个难题尚待破解。贫困地区虽然在这方面的发展较为滞后，但应该说具有足够的动力，因此，贫困地区的政府要积极鼓励企业开展探索，并提供必要的帮助，使得当地的好产品真正能够卖上好价钱，进而促进整个产业和地区经济的发展，这是非常重要的。

在推进电商扶贫的过程中，光山县委、县政府始终把开发网络产品、丰富网销货源作为电商扶贫的核心来抓，专门成立了全县网销产品开发领导组，着力开发和打造全国县域电商品牌。光山县政府着力为整个产业提供从

生产、网货化到营销的全过程服务，这个服务并不是要政府亲自生产或营销，甚至为企业背书。光山县充分挖掘当地特色产业和优势产品资源，精心打造品牌，塑造产品文化。目前，光山已经打造了多条产品线，形成了一个立体的电子商务产业链。已经整合的产品包括羽绒服、光山农副产品"十宝"，未来还要打造旅游产品和民俗产品。

随着人们对网络化的热衷、对品牌化的追求不断升温，现场订制羽绒服模式越来越难以为继，光山县委、县政府敏锐意识到，必须推动羽绒服装产业转型升级，走"互联网＋传统产业"的新路子，就是在外地接单，在光山生产，即"前店后厂"模式。从2015年9月开始，光山县委、县政府探索建立全县统一的羽绒服装网络订制平台，统一形象、统一标准、统一材料供应、统一售后服务、统一使用"光山羽绒"商标，推动全县1.2万家充绒户转型升级，努力实现"羽绒产业＋互联网＝脱贫致富"的目标。目前，全县原有现场订制户中的20%左右已成功实现转型。从2016年开始每年推广1000家"光山羽绒服装订制连锁加盟店"，至2018年底推动3000家在全国各地生根开花，解决贫困人口就业6000人以上。

实施"互联网＋羽绒产业"、"互联网＋特色农业"、"互联网＋文化旅游"提升工程，加快建立特色农产品防伪溯源体系，支持开发系列旅游产品和工艺品并上线。县政府出资设立1000万元的风险补偿金和100万元的网销产品开发奖补基金，企业或个人每开发一款新款羽绒服会获得奖补3000~5000元，每开发一款畅销农副产品会获奖补 1 万元，同时对销售本地产品的网销企业实行奖补。电商扶贫的每个环节，都需要信息技术做保障。在电商扶贫的前端，有各类产品的选择、创意设计、深度开发。政府每年拿出 100 万元的专项资金，支持羽绒服装新款开发，并把新款免费提供给贫困户使用，同时带动社会每年开发上千款新款，极大地满足电商扶贫销售中的新款需求。每年对农副产品新款开发给予奖励，每开发一款会获得财政奖励 1 万元。近三年，累计奖励近百万元。在电商扶贫的终端，给予生产加工企业奖励扶持，特别是对"光山十宝"生产加工基地建设，只要有带贫任务，给予 20 万至 100 万元的奖励；对羽绒服装生产企业设计新的服装款式也进行奖励，每款奖励为 3000~5000 元不等。以上措施保障了电商扶贫有货源，有产品可卖。在电商扶贫后端，注重平台开发、运营推广、仓储物流、配送服务，全力打造过硬的电商扶贫产业链。

为了充分利用电子商务促农增收、助农脱贫的作用，光山县每年都会举办一些"互联网＋特色农产品"网络营销活动，助力光山农产品品牌的推广和提升。2017 年 10 月 19 日下午，光山县电商扶贫暨仙居乡晚秋黄金梨营销启动仪式在仙居乡举行。县领导邱学明宣布仪式启动并讲话，各单位分管领导及电商负责人参与营销启动仪式。晚秋黄金梨是青春合作社 2014 年 2 月从开封市引进的无公害绿色产品，现种植面积达 280 亩，吸引了省内外游客观光采摘、购买，销售得十分火爆。该合作社 2017 年纯收入达到 160 多万元，并有 15 名农民常年在合作社管理梨园、务工，人均年收入 2.9 万元；同时带动村里 7 户贫困户种植晚秋黄金梨，实现了贫困农户当年脱贫。"黄金果"牌黄金梨的上线，将进一步提升品牌竞争力，带动仙居乡产业的发展，实现仙居乡乃至周边地区农业增效、农民增收。

十四　发挥新媒体的作用，培育网销品牌

光山坚持把"新媒体营销"作为宣传推介贫困乡村特色资源、打造电商扶贫名片的"助推器"，充分利用微博、微信、直播等新媒体平台，灵活运用网络进行话题宣传。一是依托精准扶贫、精准脱贫战略的实施，充分发挥村级组织和群众在电商扶贫中的重要作用，总结发展经验，推广先进典型，营造电商扶贫的浓厚舆论氛围。二是按照"一乡一业"、"一村一品"原则，大力发展贫困村电子商务，倒逼贫困村特色产业发展，倒逼农产品质量提高，倒逼物流体系完善，倒逼精准扶贫步伐加快，着力培育贫困乡村农产品网销品牌，促农增收，助农脱贫。

树立典型，发挥示范作用。自 2015 年起，光山县连续举办"十佳电商企业"、"十佳电商服务企业"和"十佳电商服务单位"评选活动，对获奖企业和单位进行了大张旗鼓的表彰。光山县人民政府门户网站将电商培训班每期学员参与电商扶贫的典型事例整理出来，组织电商扶贫事迹报告会，让一个人影响一群人，让更多的人了解光山电子商务扶贫的成绩和经验，让农村电商网店成为精准扶贫的关键载体。

发挥带头人的作用。为早日完成脱贫任务，光山县委、县政府积极动员社会各方面力量参与扶贫工作，并开展"百企帮百村"工作。组织和发动企业参与社会扶贫，实现共同富裕；制定并推出《光山县"百企帮百村"同心扶贫行动实施方案》，方案要求政府各部门改进工作作风，全力为扶贫企业做好支持工作。

光山县还充分发挥带头人的引领作用，指导带领贫困户，通过劳动和产业增加收入。全县通过带头人牵头发展产业，精准对接贫困户，引导贫困户实现就业、通过劳动和掌握技能获得收入和成就感。基于这种对接，可形成更大的合力，更有利于产业发展。合作社发展起来了，农民富裕了，家乡也变得更加美丽了，实现了经济效益和社会效益双丰收。合作社将自身发展与带动贫困群众脱贫致富结合起来，实现经济效益与社会效益的统一。

案例 4-4：沈氏伟业专业合作社带动贫困户增收致富

沈世平是南向店乡人，在外创业成功赚到第一桶金后，2015 年，他回到家乡，成立沈氏伟业专业合作社，专注于油茶种植。合作社在全乡范围内流转了 4000 余亩荒山专门种植油茶，山地租金 50～80 元/年，耕地100～120 元/年。合作社响应政府的号召，积极带动贫困户脱贫致富。合作社与 200 多位贫困村民建立聘用关系，提供锄草、施肥的工作岗位，雇用贫困户工作 70 元/天。在合作社的带领下，荒山变成了宝藏，农民的劳动也获得了收入。

"百花女王"是村民给周福蓉起的美称。周福蓉本是重庆人，但是她的丈夫的家乡是光山。大学毕业后，周福蓉随丈夫来到老家创业。夫妻二人承包了一座荒山，专门从事苗木花卉的种植。夫妻二人勤勤恳恳，由于信息闭塞，尽管花卉苗木长势喜人，但是市场销售情况并不乐观。周福蓉在偶然机会下参加了县里组织的电子商务培训班，从零开始，周福蓉接触了互联网并对电子商务开始着迷。在培训班，她学会了开网店、做微商、建立群组。

图 4-11　微信群帮助销售土鸡蛋

图片来源：微信朋友圈，2017 年 8 月。

通过电子商务，周福蓉的花卉苗木打开了销路。致富以后的周福蓉不忘乡邻，组建了一个电商扶贫网销群，希望通过网络帮助贫困户销售自产的土特产品，如土鸡蛋、小米、桃子、鱼腥草、小龙虾等。农民的土鸡蛋在集市上只能卖9角一只，百花女王在网上可以帮村民卖到1.2元钱一只。她还在自己的网店上开辟了农产品专区，免费帮贫困户代销土特产。为了促进贫困户的销售，她还开通了买家与贫困户视频聊天功能，让买家与贫困户接触，增强诚信感，也让买家切身参与到扶贫工作中。周福蓉自豪地表示：现在，在周边的十里八村，贫困农户遇上卖农产品的事，不找政府，都直接找"百花女王"。

图4-12 "百花女王"周福蓉

图 4-13　微信销售跑山鸡

图片来源：微信朋友圈，2017 年 5 月。

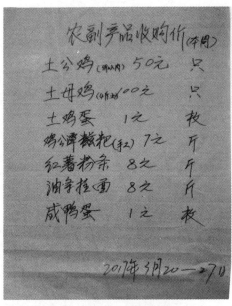

图 4-14　农副产品收购价

第四节　光山电商扶贫模式的主要经验

　　电商产业的兴起是 21 世纪以来光山经济发展中的里程碑事件，俨然已成为光山全民创新创业最重要的"新阵地"和经济社会发展的"新动力"。在光山这样一个远离大城市和江浙沪等电商发展一线地区的欠发达地区，电商产业从无到有快速发展且取得如此成就，殊为不易。总结光山县电子商务扶贫经验，可供全国范围内的其他地方参考借鉴。

一　政府主动引领，推动电子商务服务体系建设

　　光山电商扶贫与电商扶贫中的沙集模式不同，"沙集模式"是农户自发地使用市场化的电子商务交易平台、变身为网商，自下而上地发展并形成电商产业生态。而光山模式则是自上而下的发展，政府在电商发展中扮演着重要角色。从无到有的培育、自上到下的推广，光山电商产业的成功，最重要的原因是光山县政府在这个过程中的强力推动。政府主动引领，促进县域内电商产业蓬勃发展，进而带动其他配套产业发展。

　　光山县领导高度重视电子商务工作，把发展电子商务作为推进传统经济转型升级的重要动力，也把发展电子商务作为脱贫攻坚的重要举措。为了对全县的电子商务发展做全面和长远布局，光山县首先出台了《光山县电子商务

发展规划 2016–2021 年》。为了加大电子商务扶贫力度，光山县出台了一系列支持文件，包括《关于加快电子商务发展的实施意见》、《关于促进光山县电子商务发展的若干政策意见》、《光山县人民政府关于支持全县电子商务网销产品开发生产销售的若干意见》、《光山县"电商＋扶贫"工作实施方案》,《光山县促进农副产品电子商务发展优惠扶持政策》。此外，在理念上，光山县通过广泛的宣传和培训，增强了全县广大干部群众发展电商的意识，养成了全县人民学电商、用电商、触网的习惯。

　　光山县电子商务扶贫的快速发展，还应该归功于一位懂电商、积极推动电商发展的县长。邱学明县长主抓全县的电子商务工作，下设专门的电子商务办公室，由专业人员组成。光山县还组建了电子商务协会，吸纳会员 750人，加强对行业的领导和行业自律。邱县长一方面在全国范围内调研电子商务优秀市县经验，另一方面积极构思光山县电子商务发展的总体框架。他还组织权威专家到光山县进行现场指导，贡献资源，对干部进行培训，对光山电子商务发展出谋划策。在邱县长的推动下，电子商务服务体系、电子商务产业园都逐步建成。他还积极推动草根创业，每次村网店的开业仪式，他都亲自出席，为网商站台。他还开通微博和微信，大力推销光山的土特产品，帮助贫困户脱贫致富，如图 4-15 所示。

　　光山电商产业发展迅速，也是充分抓住发展机遇，抓住电子商务进农村综合示范、新农村建设、美丽乡村建设等多种政策机会，在地方政府主动规划、支持发展起

图 4-15　邱县长微信帮助贫困户销售土特产

（微信朋友圈图片，2017 年 5 月）

来的。光山主动开展对电商创业人员的免费培训，提供免担保贴息贷款等政策，主动引入物流企业，完善了电商发展的政策环境，对电商创新创业给予明确的政策导向和物质、智力支持；光山县委、县政府把电商工作纳入目标考核管理，实行一把手负责、部门协调联动机制，从而推动从县城到乡村电商的大发展和普及；此外，县委、县政府还以电商专题会、现场办公会等形式，重点解决电商发展中出现的难题和重大问题。

二　充分发挥草根创业和脱贫的积极性

电商扶贫的最终目标是帮助贫困家庭减贫脱贫，这种减贫脱贫不仅是经济上的减贫脱贫，也是发展能力的提升，即提高贫困户的自力更生能力是电商扶贫的核心诉求。电商扶贫是社会力量广泛参与扶贫的体现，已被国务院扶贫办列为"精准扶贫十大工程"之一。当前在电商扶贫领域，从政策设计，到基层试点，到连片部署，再到社会动员与组织创新，一系列工作正在有条不紊地开展，电商扶贫新局面呼之欲出。我国扶贫工作将进入第四阶段，即以电商扶贫为核心的信息化扶贫阶段。电商扶贫会改变贫困地区的市场基因，让贫困地区对接互联网大市场，以信息化赋能的方式提升其竞争力。

电商扶贫不同于传统扶贫方式，也不同于其他扶贫方式。它切实把贫困人口这个生产者与市场对接起来了，通过互联网直接把一户一组一村对接上全中国、全世界这个大市场，极大地提高了贫困地区经济自生能力，为贫困户创业脱贫创造出无限空间。电商扶贫运用的是新技术，是互联网这种信息技术，与传统扶贫方法相比更科学、更便捷、更高效；电商扶贫更是崭新的扶贫方式，昔日的扶贫之所以效果一般，最根本的原因是传统方式无法有效开拓新市场、大市场，所以收效甚微，很多贫困户无法脱贫。电商扶贫可以开拓无穷大的市场，让贫困户生产的东西直接面对市场进行销售，并卖出好的价钱，实现大幅度增收。电商扶贫内容极其丰富，电商培训方式扶贫，开设网店方式扶贫，为电商提供服务支撑方式扶贫，仓储物流方式扶贫，视觉拍摄、客服运营方式扶贫，淘客方式扶贫，不胜枚举。它更创造了各种高效模式，如"电商＋产业"的扶贫模式、"电商＋贫困户"的模式、"电商＋基地＋贫困户"的模式、"电商＋贫困户＋服务商"的模式、"电商＋新零售＋贫困户"模式等，样样管用，效果不差。

电商扶贫是通过促进农村电商的发展，来促进农村贫困地区的产业和经济的发展，同时通过为贫困主体提供各种帮扶，让其在此过程中获得更多的发展机会，实现收入增加；并通过农村电商促进农村市场的升级，让包括贫困户在内的当地居民在生产资料和消费资料的购买上获得更多的选择、更大的实惠，实现生产生活成本的降低以及生产生活条件的改善；更重要的是让贫困主体通过掌握和运用相关技能、积极参与市场化的生产经营活动，获得自我发展能力的提升，真正实现可持续的发展。

三 因地制宜，构建具有地方特色的电子商务发展体系

改革开放以来，虽然技术进步、对外贸易和消费对促进经济增长发挥了不可或缺的重要作用，但总体而言，我国是典型的投资驱动型经济，资本投入对各地区经济增长的拉动作用最为显著和关键。作为欠发达县域，首先，光山县的最大短板是经济基础薄弱，经济规模小，财政收入规模小，居民储蓄规模小，企业经济效益低，经济社会发展严重依赖资本投入与资本积累与其再投资能力弱之间存

在难以调和的矛盾。其次是人才短缺，地理交通进一步制约了外来资本和外来人才的流入。实践中，光山电商扶贫能取得当前的显著成就，在某种意义和很大程度上是光山坚持扬长避短，发挥优势，主要体现在如下三个方面。

一是发挥资源优势，规划选择合适的产业加以支持和培育。据阿里研究院发布的"2016年电商消贫十佳县"榜单，河南光山县综合排名国内第八。而上年度，在阿里系电商上有280多个国家级贫困县网络零售额超过千万元，其中40余个贫困县网络零售额超过1亿元。而进一步分析可以发现，"十佳县"的共同特征之一，是将当地特色产业与电子商务相结合，推动电商扶贫减贫，比如文山的三七、舒城的儿童床、平乡的自行车、寻乌的脐橙。光山县也是利用传统优势产业——羽绒产业与电子商务相结合，逐步壮大发展起来的；同时，光山县利用特色农产品资源优势，培育发展互联网＋农产品的电商产业。从避短的角度来看，发展羽绒产业、电商产业与扶贫结合，对资本初始投资和资本积累的要求不高，农民培训和电商人才培训也较好地克服了人才不足的制约。

二是延长产业链，促进产业复合发展，形成三产联动发展格局。重点支持发展农产品加工业和农产品电商是典型例子。少数人认为，电商扶贫就是农产品上行，让农民种的东西、养的东西卖出去。光山的实践结果是，电商扶贫不局限于一产。"电商＋二产"扶贫效果更是不可估量。光山的羽绒服装业转型，大量贫困户随转型而脱贫是最好的例证。"电商＋三产"更能体现电商扶贫的科技价值。大多数贫困户通过互联网进行创业，实现脱贫，这都是电商扶贫的最好例证。便利生活，又能降低生活生产成本，还能销售产品，电商扶贫已在光山被社会认可、大众接受。

三是招商引资以本地资源为突破口。光山地处三省交界之地，由于远离大城市，产业基础薄弱，难以吸引外来资本和外来人才进入本地。在这种情况下，光山招商引资除了继续以优势资源引入外地人才外，如羽绒产业等，更多的是吸引光山在外经商办企业的成功人士回乡创业。光山把本地外出成功人士作为招商引资突破口，取得了良好的实际效果。

四 整合资源，积极与大型电子商务平台合作

近年来各大电商企业已经将目光瞄准占地面积广、人口众多的县域，以阿里巴巴、京东、苏宁为代表的电商企业纷纷制定渠道下沉战略，发掘广大的农村市场。2014年全国832个贫困县在阿里巴巴零售平台共完成消费1009.05亿元，网店销售额接近119.30亿元，农产品销售11.8亿元，其中网店销售额超过1亿元的贫困县就有25个。2014年全国"亿元淘宝县"遍布25个省区市，超过300个，有超过100个来自中西部地区。电子商务为解决贫困地区"小生产"与"大市场"连接的问题提供了新的思路，农村电商具有广阔的市场潜力和发展空间，发展农村电子商务已成为经济欠发达的贫困地区实现弯道超车的有效途径，电商扶贫的发展理念越来越受到关注。

电商扶贫特别是电商企业参与扶贫开发势头如此迅猛，背后的逻辑是什么？这主要可以从两方面来看：一方面，电商企业希望占领农村市场，培育新的增长点，并通过金融等辅助手段，在农村建立电商大数据。另一方面，政府部门则希望通过电商扶贫，引入社会资本，补齐农村在道路、物流、网络等方面的短板，缩小数字鸿沟，帮助农民脱贫致富。因此，贫困县应在农村电商市场饱和之前，尽快抓住合作机遇，充分与有实力的互联网巨头合作。

农村电商基础薄弱，经验也不足，只有依托大型电商平台才可以快速推动脱贫攻坚。在国务院扶贫办与苏宁、京东等电商平台先后签约后，各个地方党委、政府也纷纷与阿里巴巴、京东、苏宁及地方电商平台签约，力争借助电商平台的力量加速电商生态的构造，这种趋势在未来几年会持续加强。贫困县借力大型电商平台是电商扶贫的关键所在。

光山县就与平台企业建立了广泛合作。2016 年 3 月，光山县与阿里巴巴集团签订合作协议，共同开拓农村电子商务市场。目前，光山县电商合伙人和"淘帮手"数量已经达到 230 名，位居全省第一，村点覆盖率达到 76%。2016 年 11 月，阿里巴巴集团联合光山县举办了"精准扶贫——河南光山羽绒产业阿里展会"。光山当地 10 家知名羽绒服装企业在阿里园区进行线下展示、线上销售，在两天的活动中，仅网络直播一项，初步统计就收获超过 46 万人点赞，拉动销售额近 20 万元。

第五章

扶贫脱贫中存在的问题及对策

第一节　扶贫脱贫中存在的问题

　　光山县何畈村的扶贫脱贫工作取得了一系列成绩，获得了丰富的实践经验。但是，在扶贫脱贫工作中，还存在一些问题，需要加快解决。

一　稳定脱贫难度大，农村缺少吸引力和动力

　　发展扶贫产业阻力重重，稳定脱贫难度较大。第一，从自然条件看，光山县地处大别山老区，土地稀少、贫瘠，自然资源匮乏，脱贫致富的自然条件较差。第二，从经济发展基础看，光山县底子薄，缺少有特色的拳头产业

和产品。第三，从基础设施方面看，光山县基础设施建设滞后，交通网络欠发达。第四，从贫困状况看，村里留守的大多是老弱病残人员，缺少致富带头人，贫困群众大多缺少技术技能、缺少知识储备和学习能力，加上市场环境复杂多变，发展扶贫产业难度较大。

当前，我国农业现代化水平低，农产品价格低迷、销售难，制约增产增收，农民收入很难有大幅度提高。近年，农作物价格尽管有上涨趋势，但是由于农村外出务工人员增多，缺乏种植业劳动力，农业现代化程度低，雇工费用大幅度上升，种植成本不断增加，农产品的销售收入和生产利润仍然没有得到有效提升，影响农民增收致富的积极性。

此外，农村地区公共服务和基础设施与城市差距明显，对农民工返乡创业缺乏吸引力。农村地区的教育、文化、卫生、医疗等社会事业发展相对滞后，基础设施建设水平低。上学难、看病难、饮水难、娱乐难、行路难、养老难等成为影响农民工返乡创业就业和幸福生活的因素。

二 基础设施建设滞后

何畈村的基础设施还有许多需要完善的地方，如网络虽然进村了，但是尚未实现全部村民组的网络全覆盖，有的村民组位置相对偏僻，宽带建设成本相对较高，至今还无法实现宽带上网。当下，基础设施方面最突出、影响较大的问题就是缺少垃圾处理站和文化活动广场。

缺少垃圾处理站，村民卫生意识弱。村民常常随意将垃圾倒在路边、河边等空旷地段，致使垃圾成堆，大风天垃圾满天飞。村里也没有相应的组织体系和配套措施处理垃圾。长期暴露的垃圾堆容易滋生蚊蝇、老鼠等，夏天蚊蝇泛滥，成为各种疾病的传染源，威胁群众的健康。大量垃圾不仅污染环境，占用土地，其中一些有毒物质还会破坏土壤，造成环境污染。

缺少文化活动广场。何畈村目前没有可以让群众活动的文化广场，没有健身的地方，更没有健身器材和娱乐场所。缺少文化活动场所，不能满足村民文化生活的需要，不能满足其人际交往和信息交流的需要。缺失文化活动场所，也导致政府部门不能方便地进行主流文化宣传和其他引导性宣传教育，无法最大限度地激发人民群众的民族精神和社会活力。

三 基层干部老龄化，村干部收入较低

年轻人几乎全部外出务工，村里缺少生机和活力，基层干部几乎全部由老年人担任。目前何畈村的村书记、村主任年龄都超过六十岁，村两委有四个人，平均年龄60岁，其中村支书于庆富为62岁，村主任何守军60岁。村两委的干部基本都是几十年前选出来的，一直连任五届，有的甚至连任六届，因为一直找不到其他候选人。村里的工作难度大，工作纷繁复杂，对村干部的能力和素质要求较高。村民居住得比较分散，交通不便，对基层干部的体力要求

也较高。当前,基层工作对村干部的较高要求与村干部的老龄化形成较大矛盾。即使换届,也找不到合适人选担任主要村干部,所以一些年过花甲的老干部只好继续连任。

此外,村干部工资待遇低,这在一定程度上制约了其工作积极性。村委会委员平均每月工资在 600 元左右,村书记和村主任的月工资也不超过 1000 元,并且连续多年没有变化。村干部退休后,没有退休金,没有生活保障。村干部有时还要为一些公事垫付费用,通信和交通等费用也需要自理。此外,村干部还要承担大量其他基层民政事务。村干部职位收入低,缺少吸引力,村干部甚至比外出打零工的村民收入还低很多。

四 缺少拳头产业和知名品牌,合作社贷款难

笔者调研过程中发现,光山县不仅缺少在国内叫得响的拳头产业,也缺少农业知名品牌和特色产品。作为农产品生产大县,光山县在无公害农产品、绿色食品、有机农产品和农产品地理标志等"三品一标"申请方面却发展缓慢。未来,"三品一标"产品将是农产品消费市场上的主打产品。只有产品过硬、品牌形象健康,农产品才能占领市场,农业经济才能大幅度发展,才能用产业带动更多的贫困户脱贫致富。

此外,农户和合作社的发展存在生产资金不足、贷款难的问题。小额贷款门槛高、手续繁杂,农户缺少抵押和担保。调研过程中,有农户反映银行要求提供的贷款资料

有两寸厚，而且还要反复修改，最后还不一定获得批准。贷款难成为制约农业经济发展壮大的瓶颈。

五　信息闭塞，思想观念滞后

留守贫困户多为老人，并且居住分散、信息闭塞，以致部分贫困户出现思想观念落后现象。具体表现在：有的思想过于保守，不愿接受新事物，不愿意学习新技能，缺乏脱贫能力；有的好逸恶劳，整天打牌、搓麻将，不愿意参加劳动；有的满足于现状，缺乏进取精神；有的贫困程度深，干脆破罐子破摔，听天由命；有的"等、靠、要"思想严重，总指望政府救济和扶持；个别人对扶贫工作不满意，鸡蛋里挑骨头；还有个别人得了"红眼病"，看到别人脱贫致富却没有看到别人付出的努力。正是这种内在思想观念上的落后，给扶贫工作带来巨大阻碍，造成一些贫困户年年扶、年年贫的现象。

六　电子商务扶贫还处在起步阶段

光山县电子商务扶贫已经起步，基本建成电子商务服务体系，并且已经取得初步成绩。但是光山县在电子商务扶贫发展过程中还存在一些问题需要解决。

电子商务还处在初级发展阶段，表现在以下几个方面。从网商群体看，总量规模相对较小，电子商务创业和就业还没有形成良好的氛围，网商的网销能力和交流学习能力还需要提高。从产品来看，网销品发展不平衡，现阶段光山县农村电子商务网销以羽绒服产品为主，但是土特产品和生鲜等农产品发展相对缓慢。从品牌看，光山县农村电子商务不仅缺少成规模的现代化龙头企业，也缺少区域品牌、企业品牌和产品品牌，更缺少能够对其他农村网商发挥影响和引导作用的榜样性企业。

对农村电子商务的认识落后。虽然近年我国电子商务快速发展，但是一些地方的政府官员、企业家和普通大众对电子商务的本质、特点、作用等的认识还相对模糊，甚至存在误区。一些村镇基层干部缺乏对电子商务的系统了解，年龄大一些的农民由于受传统商业观念的束缚，对电子商务仍持怀疑态度，草根电子商务创业的热情还没有被点燃。

缺人才，尤其缺乏综合性高素质电子商务领军人才，如电商运营人才、推广销售人才、综合性高级人才、产品策划与研发人才。随着农村电子商务的规模日益扩大，在高中低各个层次，都有不同程度的人才缺口，尤其是缺少高端复合型人才。各地对农村电子商务人才的需求涉及多个层次、多种岗位，主要包括：县乡村的农村电子商务顶层设计人才，地方服务体系建设和运营人才，网店经营人才，网店客服、运营、设计和包装岗位工作人员等。而且，由于农村地区整体生活环境落后，缺少医疗、教育和商业配套，吸引人才的难度更大。

基础设施建设还需要继续完善。农村电子商务不仅仅是网上的简单交易，它涉及生产、流通、仓储、售后服务等多个环节，更涉及资金流、物流、人流、信息流等复杂的商业过程。因此，为了保障农村电子商务的健康、可持续发展，必须着力培育基于本地的服务体系。一是宽带普及率和移动互联网普及率还有提升空间，网络虽然进村了，但是速度慢、收费高，有的尚未实现全部村民组的覆盖，有的村民组位置相对偏僻，建设成本相对较高，至今还无法实现宽带上网。二是物流不通畅，基于农村分散性居住以及乡村道路建设落后等原因，物流在可达性和时效性上存在较大问题。三是金融支撑滞后，贷款门槛高，由于缺少抵押和担保，网店主扩大经营和升级换代所需要的资金很难获得银行支持。四是质量检测、溯源、知识产权、工商等服务和监管滞后，导致经营过程中存在各种隐患和风险，制约农村电子商务的健康发展。

农产品上行依然是困难重重。和全国情况相同，农产品的电子商务交易水平一直落后于其他品类商品，导致这个问题的原因有三个；一是农产品生产环节的规模化、现代化、品质化、可溯源水平低；二是交易环节商品化、标准化、品牌化程度低；三是仓储配送环节配套基础设施建设和服务能力滞后；四是售后服务、农产品质量和安全缺乏保障。这些问题的存在都严重制约了农产品的上行。

政府主导色彩浓，还需要进一步激发草根电子商务创业的内在动力和积极性。在电子商务发展初期，需要政府进行顶层规划，构建农村电子商务产业生态，推动农民返乡创业和就业热情，解决一些电子商务发展的瓶颈问题。但是，在电子商务实际运营中，应该发挥企业主体和网商的积极性和创造性。一些地方的经验也显示，政府包办的农村电子商务缺乏生命力和可持续性。

第二节　减贫脱贫的对策建议

十九大报告提出"坚决打赢脱贫攻坚战"的新任务："让贫困人口和贫困地区同全国一道进入全面小康社会是我们党的庄严承诺"。在扶贫攻坚的关键时刻，建议相关政府部门重视光山县在扶贫工作中存在的问题，推动尽早实现扶贫任务，如期全面建成小康社会。

一　提升贫困地区基础设施建设和公共服务水平

按照城乡基本公共服务均等化的要求，把国家基础设施建设和社会事业发展的重点转向农村，不断加大在贫困地区的投入力度，完善水利和电力基础设施建设。积极推动农村公共事业快速发展，加强对农村教育、医疗、养老等社会保障体系的建设。

继续重视信息基础设施的建设，逐步缩小数字鸿沟。持续加大对网络接入和上网设备的投入，通过互联网将各个独立的居民小组连接起来，传播党的政策和致富知识，让贫困地区人口早日摆脱信息贫困。加快铁路和公路交通建设，尤其是加快落后地区的交通设施建设，推动物流基础设施完善。

　　加强农村地区的卫生和环境基础设施建设，重点加强垃圾收集、运输、处理系统的建设，增加文化娱乐设施，补齐农村文化广场和文化娱乐室建设短板。在资金上，动员社会力量共同投入，同时号召村民投工投劳。

二　针对三大致贫主因，对症下药

　　针对贫困的三大主因，找到解决对策，根治贫穷。一是整合国家扶贫基金和社会力量，解决贫困地区的卫生医疗基础设施建设问题，提高农村合作医疗保障强度和扩大保障范围，实施医疗救助和慈善救助等帮扶措施，摆脱看病难和"因病致贫"问题。二是解决农村贫困户子女上学问题，实施教育救助，免除贫困家庭子女的教育学杂费；完善助学贷款和社会捐助等救助体系，发动全社会公益力量，为贫困地区贡献教育资源，进行有针对性的帮扶。三是针对无劳动能力的贫困户，建立完善的面向农村贫困人口的最低生活保障制度，确定合理的最低保障金，实行政策性保障兜底，保证老、弱、病、残者的正常生活需要，安排基层干部和志愿者定期慰问无能力的贫困户。

　　此外，针对看病难的问题，建议推动网络医疗发展进程，通过现代信息技术和组织管理，让大城市医院的优质医疗资源能够通过互联网与偏远山区实现共享，让贫困地区的居民不用长途奔波，通过乡镇卫生院就享受到专家们的医疗服务，实现远程医疗全覆盖。

三 深化思想扶贫，扶贫扶志

采取灵活的方式，继续深化内生动力培育，组织贫困农户学习党的脱贫致富政策，不断帮助贫困群众转变思想观念，调动贫困群众劳动致富的积极性和主动性。发掘典型案例，总结成功经验，加大典型案例的宣传力度，激发贫困户学习的热情。增强贫困人口发展生产和务工经商的基本技能培训，引导科技人员下乡辅导，做好有针对性的帮扶和引导工作，激发贫困户脱贫致富的内在活力和创造力。邀请致富能手和基层干部，进行一对一帮扶，通过劳动致富。积极宣传劳动致富、勤俭持家、赡养老人的传统美德，引导人们增强自强和自立的责任感。

四 继续大力发展农业经济，带动贫困户脱贫致富

大力发展现代化农业和特色农业，促进农业经济发展和农民收入增加。因此，推动农村土地流转，实现农业产业化、集约化生产，提高劳动生产率。发展特色产业，实现"一乡一品"，推动农副产品品牌化和标准化，提高农产品产量和价值，拓宽农民增收渠道，实现农业可持续发展。深入整合土特产品，推动龙头企业增大营销力度，带动农村剩余劳动力就业。

针对农户和合作社贷款门槛高的问题，建议政府协调金融单位，完善农村金融信用体系，通过扶贫小额贷款等多种方式建立金融扶贫长效机制、采取更灵活多样的担保方式，缩减办事手续，降低贷款门槛，扩大抵押物范围，增加金融服务种类。创新在农村地区的金融产品，发展多种形式的农村合作金融，推动农业经济发展，从而带动更多的贫困人口脱贫致富。

五　进一步加强基层能力建设

切实加强乡、村班子建设，选好村组织带头人，为打赢扶贫攻坚战役做强有力的组织保证。提高干部待遇，制定奖励机制，解决编制问题，改善办公条件，吸引思想先进、有能力的致富能手或者返乡中青年担任村级领导，建设家乡。建立科学的选拔村干部机制，加强思想和业务培训，提高基层工作人员思想觉悟和业务能力。完善配套组织建设，建立健全团支部、妇代会等村级配套管理组织，明确分工，增强工作能力。

六　继续探索和推广电子商务扶贫

完善贫困地区通信基础设施建设，提高网络覆盖率，降低贫困地区上网资费。深入传播电子商务扶贫脱贫理念，鼓励发展农村特色产品网络直销模式，打造更多农产品品牌。推动电子商务创业就业，将电子商务真正转化为农民脱贫致富的动能。积极组织村干部、返乡青年学习电子商务运营知识和开店技巧。通过传播典型案例、调研取经等方式，提高贫困户电子商务创业和就业积极性。将电子商务扶贫与特色产业扶贫、就业扶贫等深入融合，取得1+1>2的效果。

重视培训和交流，推动人才"走出去、引进来"。重视人才队伍建设和培养，采取开放和学习态度，实施"走出去、引进来"策略。一是请专家、专业师资和实战高手为官员、创业者、工作人员进行有针对性的专门培训，并将培训常态化，根据对象和需求调整课程设置和培训方案。通过培训既要转变思想认识，也要增强实际运营能力。二是创造条件，鼓励网商之间加强沟通和交流，交换信息和经验，共同提高。三是鼓励各类主体到江浙等电子商务发达省市调研，学习先进理念和经营经验。四是积极营造宽松的创业环境，吸引外地高端复合型人才，加盟本地电子商务创业大军，尤其是鼓励外出打工者和大学生返乡创业。五是支持本地及附近城市的大中专院校设置电子商务相关学科，鼓励学生到本地参与电子商务创业就业。积极搭建学校与电子商务企业之间人才培养和需求的桥梁，建立实训式人才培养机制。

完善地方电子商务配套服务体系，要做到以下几点。一是根据地方实际情况，制定科学的农村电子商务发展顶层规划，推动农村电子商务生态系统建设。二是规范建设电子商务产业园，扎实推动农村电商发展。2017年的中央一号文件中提出"鼓励地方规范发展电商产业园"，要求电商产业园"聚集品牌推广、物流集散、人才培养、技术支持、质量安全等功能服务"。文件为产业园的发展指明了方向,电商产业园要能够有效地整合资源,降低网商创业门槛,缓解网商运营的实际困难,为网商提供扎实、有效的服务。三是继续支持县域电子商务公共服务中心和乡村级电子商务服务站点的建设,完善县、乡、村三级物流配送机制。四是推动地方电子商务协会的建设,积极发挥协会在培训、交流、整合资源等方面的作用,通过协会来服务网商,规范网商的竞争行为。

培育网商龙头企业,提升产业集群的整体竞争力。各地方应按照发展特色、做大规模、突出效益、发挥市场主体积极性的原则,进行总体布局,优化资源配置,重点建设特色产业基地。对有发展潜力的网商,进行重点扶持和引导,鼓励其成为龙头企业和行业标杆,带动其他网店,提升产业集群的整体竞争力。支持和鼓励社会资本投资当地网店,提升管理能力,通过股份制等方式做大做强。鼓励网商建立完善的现代企业制度,加快产品和经营方式创新,培育品牌和知识产权意识,提升产品质量,提高产业总体水平。鼓励网商开放与合作,推动产业链企业间的资源整合和深度融合、优势互补,实现互惠互利。

整合资源,探索农产品电子商务发展模式,着力解决农产品电子商务存在的难点问题:一是调动地方各级主体积极性,加快地方农产品和土特产品的产品标准体系和产品溯源体系的建设和应用,引导地方企业增强商品化和品牌化意识,通过标准化和品牌化提高产品的质量、附加价值和信任度，从而促进农产品的销售。二是整合地方产品和旅游资源，打造"乡村旅游＋餐饮娱乐＋农产品采摘及网络订购"一体化服务模式，通过旅游和农场亲身体验，增强对农产品的信心和情感，带动农产品的销售和网络订购。三是推动包装、冷链物流、仓储配送等基础设施建设，打造新型农产品供应链。四是制定市场规则，完善质检、知识产权、工商等公共服务，严格规范市场行为。

参考文献

丁学东：《准确把握扶贫开发形势积极推进财政扶贫工作》，《中国财政》2010 年第 7 期。

范小建：《扶贫开发形势和政策》，中国财政经济出版社，2008。

方黎明、张秀兰：《中国农村扶贫的政策效应分析——基于能力贫困理论的考察》，《财经研究》2007 年第 12 期。

傅道忠：《中国农村扶贫政策的变迁及取向分析》，《兰州商学院学报》2009 年第 4 期。

李兴江：《中国农村扶贫开发的伟大实践与创新》，中国社会科学出版社，2005。

林毅夫、李永军：《中国扶贫政策——趋势与挑战》，社会科学文献出版社，2005。

刘纯阳、蔡锉：《贫困含义的演进及贫困研究的层次论》，《经济问题》2004 年第 10 期。

刘东梅：《中国农村反贫困与政府干预》，中国财政经济出版社，2003。

刘娟：《扶贫新阶段与农村扶贫开发机制的完善路径》，《桂海论丛》2010 年第 1 期。

汪向东:《新三农与电子商务》,中国农业科学技术出版社,2015。

魏延安:《再说当前农村电商存在的六个问题》,2017年中国汉中电子商务论坛,2017年4月。

叶秀敏:《"互联网+"背景下的标准扶贫运作模式研究》,《信息化建设》2017年第1期。

叶秀敏:《金华市电子商务弯道超车的启示》,《互联网天地》2017年第3期。

叶秀敏:《沙集模式十年总结》,《互联网天地》2017年2月。

叶秀敏、汪向东:《东风村调查:农村电子商务的"沙集模式"》,社会科学文献出版社,2015。

叶秀敏:《县域电商:精准扶贫"新药方"》,《决策》2016年2月。

张新伟:《市场化与反贫困路径选择》,中国社会出版社,2001。

朱晓阳:《反贫困的新战略:从"不可能完成的使命"到管理穷人》,《社会学研究》2004年第2期。

后　记

从 2016 年 5 月第一次到光山调研，到报告最终成稿，历时一年之久。在这期间，课题组在光山县扶贫办扶元勇主任的陪同下，调研了光山县电子商务的发展情况；在南向店乡书记汪年旺的陪同下参观了乡里的各类扶贫项目；在驻村第一书记叶红梅的陪同下，深入村民组，走访了何畈村的贫困户和致富带头人。调研期间，还参与了光山县部分与电子商务相关的展览活动和座谈会，感受到了电子商务助力地方经济发展的勃勃生机。五岳水厂、淮河源林药种植社发挥的经济和社会作用非常突出，让人印象深刻。南向店乡的农民工博物馆生动地记录了改革开放以来农民工进城务工的历程，也介绍了一批企业家致富不忘家乡、带动贫困户走出大山脱贫致富的感人故事。值得一提的是带领光山县利用电子商务脱贫致富的邱学明县长，他基于广泛调研和思考，总结出一套适合光山县电子商务发展的战略框架，并带领群众取得一系列电商创新创业的实践成绩。课题组还多次与中央办公厅在光山挂职帮扶的郭伟立同志交流扶贫经验和体会，从而对光山县、南向店乡、何畈村的情况有了更全面的了解。

在调研过程中，深深体会到了扶贫任务的艰巨性，也感受到基层干部的不易，更加深刻地认识到扶贫脱贫工作绝不是一场孤立的战役，而应该与经济的良性发展、改革的深化、公共治理水平的提高等协同发展，以求长效。虽然有2020年全体脱贫的时限要求，但是防止"返贫"任重道远。还应动员更多的社会力量参与其中，创新扶贫方式，以提高扶贫效率和增强效果。让城乡联动起来，实现城乡一体化，引导城里富余的劳动力组织起来，通过知识、资金、能力的分享，和农民共创财富。

调研过程中，课题组深切地感受到电子商务在精准扶贫脱贫过程中发挥的重要作用，看到贫困户和残疾人通过电子商务创业和就业获得自信从而绽放笑容。期待电子商务能够赋能全国各地更多的贫苦户，早日实现脱贫致富。

依然记得贫困户大妈紧紧握着我们的手，感谢党中央派人来关怀贫困户的生活状况；也依然记得调研结束时，大妈眼里噙着泪，依依不舍的样子。类似的情景发生多次，每次都让我们感受到作为一名社会科学工作者自身的责任和压力。期待本报告能够为扶贫工作做出一些微薄的贡献。

最后，对姜奇平老师和左鹏飞博士以及在调研中对我们提供帮助的所有同志表示诚挚谢意！

叶秀敏　周　红

2018 年 8 月

图书在版编目（CIP）数据

精准扶贫精准脱贫百村调研. 何畈村卷：电子商务
在乡村脱贫攻坚中的实践 / 叶秀敏, 周红著. -- 北京：
社会科学文献出版社, 2018.12
　　ISBN 978-7-5201-3603-7

　　Ⅰ.①精⋯　Ⅱ.①叶⋯　②周⋯　Ⅲ.①农村－扶贫－
调查报告－光山县　Ⅳ.①F323.8

　　中国版本图书馆CIP数据核字（2018）第227350号

·精准扶贫精准脱贫百村调研丛书·

精准扶贫精准脱贫百村调研·何畈村卷
　　——电子商务在乡村脱贫攻坚中的实践

著　　者 / 叶秀敏　周　红

出 版 人 / 谢寿光

项目统筹 / 邓泳红　陈　颖

责任编辑 / 桂　芳

出　　版 / 社会科学文献出版社·皮书出版分社（010）59367127
　　　　　　地址：北京市北三环中路甲29号院华龙大厦　邮编：100029
　　　　　　网址：www.ssap.com.cn

发　　行 / 市场营销中心（010）59367081　59367083

印　　装 / 三河市东方印刷有限公司

规　　格 / 开　本：787mm×1092mm　1/16
　　　　　　印　张：12.25　字　数：120千字

版　　次 / 2018年12月第1版　2018年12月第1次印刷

书　　号 / ISBN 978-7-5201-3603-7

定　　价 / 59.00元

本书如有印装质量问题，请与读者服务中心（010-59367028）联系